디트리히 본회퍼 40일 묵상

행동하는 신앙인 디트리히 본회퍼와 함께 생각하는 이타적 기독교

디트리히 본회퍼 40일 묵상

정현숙 엮음

좋은씨앗

본회퍼가 치열하게 살아낸
'이타적 기독교'에 대해
우리는 어떤 대답을 줄 수 있을까?

차례

서문　8

Day 1~7
아침 기도　13
하나님을 갈망함　14
그리스도인에게 세상은　18
용서　21
진리와 자유　24
깨어 있다는 것　28
거룩한 슬픔　31

Day 8~14
나는 누구인가?　36
부르심　38
하나님과 우리 사이의 비밀　42
예수님의 멍에　46
성령의 불　49
비판보다 큰 것　52
이 사랑　55

Day 15~21
그리스도인과 이방인　60
시간에서 영원으로　62
인자하심과 책임　66
그리스도의 심판대　69
대언자 그리스도　72
하나님의 길　76
구원을 갈망하는 삶　79

Day 22~28	요나 84
	두려움을 지나서 86
	구원자의 이름 90
	오직 은혜 93
	십자가 아래 평화 97
	소망을 이루는 길 100
	사랑 안에 거하는 사람 103
Day 29~35	자유를 향한 도상의 정거장들(1) 109
	은혜인가, 행복인가 110
	영화롭게 변화되신 예수님 114
	부활과 고난의 길 118
	자기를 버리신 예수님 122
	하나님과 세상의 화해 125
	하나님의 숭고한 싸움 129
Day 36~40	자유를 향한 도상의 정거장들(2) 135
	다시 사신 그리스도 136
	그리스도에 대한 하나님의 긍정 140
	피조물에 대한 하나님의 긍정 143
	나의 주, 나의 하나님 146
	원문 출처 150

서문

디트리히 본회퍼의 설교와 여러 글들은 모두 열여섯 권의 전집으로 독일에서 출간되었다. 그밖에도 그의 신앙과 삶을 정리한 전기물과 주제별로 엮은 단행본이 많은 독자들의 관심을 받으며 다양한 언어로 출간되고 있다. 디트리히 본회퍼에 대한 우리의 관심은 이처럼 그의 사후 70년이 지난 시점에서도 여전하다. 여전할 뿐 아니라 오히려 새로워지고 있다.

본회퍼의 책이 서점가에 나올 때마다 우리에게 신선한 영감으로 다가오는 이유는 그 안에 오랜 시간이 흘러도 빛이 바라지 않는 일종의 필모그래피가 있기 때문이다. 서른아홉 짧은 삶에서 나온 그의 설교와 사상은 고전 작품에 비할 바가 아니라고 말하는 이들도 있지만, 엄혹한 세상 한가운데 던져진 진짜 그리스도인으로서 말씀을 따라 살고자 했던 그의 치열한 흔적이 주는 깊은 울림이 있다. 희생의 제자도, 이타적인 그리스도인, 행동하는 신앙인 등 본회퍼의 이름 앞에 따라붙는 수식어들에서 우리는 그의 삶의 어떠함을 짐작해볼 수 있다. '이타적 기독교.' 타인을 위해 기꺼이 자기를 희생하는 모습이야말로 그리스도의 십자가에서 고스란히 드러나는 면면이며 하나님의 사랑을 달리 부를 수 있는 표현이다.

우리는 디트리히 본회퍼가 치열하게 살아낸 '이타적 기교'에 대해 어떤 대답을 줄 수 있을까? 그 때문에 치러야 할 손해와 대가를 계산해 본 뒤에도 여전히 십자가의 길을 따라갈 수 있을까? 이타적인 긍휼과 정의 실현을 위해 희생하는 신앙인의 모습을 보여 준 본회퍼의 삶은 개인의 안녕과 번영에 치우쳐 있는 우리 시대의 교회에 결코 외면할 수 없는 또렷한 이정표와 같다.

이 책 『디트리히 본회퍼 40일 묵상』은 이타적 기독교를 추구했던 그의 신앙과 단호한 삶이 묻어나는 설교 가운데 우리에게 깊은 통찰을 제공할 만한 40편의 설교와 시를 한 권으로 묶어 매일 한 편씩 묵상할 수 있도록 구성해 놓았다. 이타적인 그리스도인으로서 마땅히 품어야 할 기대와 소망, 그리스도의 십자가와 하나님의 사랑에 대한 간증이 담긴 디트리히 본회퍼의 글과 함께 40일간의 묵상 여행을 떠나자.

일러두기
1) 이 책에 실린 원문의 출처는 각 장 하단에 표기했다. 원문 출처 중 디트리히 본회퍼 전집(DBW) 제10권에서 제16권은 아직 국내에서 전체 역간되지 않은 자료들이며, DBW는 Dietrich Bonhoeffer Werke의 약자다. 디트리히 본회퍼 전집은 카이저/귀터스로허 출판사(Chr. Kaiser/Gütersloher Verlagshaus)에서 총 16권으로 출간되었다. 2) 성경 인용은 우리말 성경 개역개정을 사용했다.

디트리히 본회퍼 (Dietrich Bonhoeffer, 1906-1945)

아침 기도

이른 아침 주님께 기도합니다.

저 혼자 힘으로는 할 수 없으니
제가 기도할 수 있도록 도우시고 흩어진 생각을 모아 주소서.

제 속에는 어둠이 있으나 주님 곁에는 빛이 있습니다.
저는 고독하나 주님은 저를 버리지 않으십니다.
저는 무력하나 주님께는 도움이 있습니다.
저는 불안하나 주님께는 평화가 있습니다.
저는 견딜 수 없이 괴로우나 주님께는 인내가 있습니다.
저는 주님의 길을 알지 못하나 주님은 저의 길을 아십니다.

1943년 11월 테겔 형무소에서 동료 수인들을 위해 쓴 기도문 중 아침 기도의 첫 부분. *Widerstand und Ergebung*, Dietrich Bonhoeffer, Kaiser Taschenbücher, 1997, p. 79.

하나님을 갈망함

내 영혼이 하나님 곧 살아 계시는 하나님을 갈망하나니
내가 어느 때에 나아가서 하나님의 얼굴을 뵈올까. —시 42:2

세상이 하나님으로부터 떨어져 나와 타락했을 때, 인류가 피조물의 존재 목적을 잊어버리고 타락한 세상의 의도대로 살기 시작했을 때, 피조물이 창조주를 대적하며 불평하기 시작했을 때, 우주 공간 속에서 우리가 사는 땅 위로 어두운 밤이 찾아왔을 때, 사랑이 온기를 잃고 시기와 질투의 얼음같이 차가운 바람이 온 세상에 불기 시작했을 때, 그때에도 선하신 하나님은, 비록 희미한 그림자 정도로만 느껴질 뿐이더라도 한 가지 소중한 것을 남겨 두셨습니다. 그것은 바로 우리의 기원에 대한 그리움, 즉 본향을 향한 동경, 하나님을 향한 동경입니다.

 탄식으로 가득한 비참한 세상을 보아야만 하는 눈은 시리고 아픕니다. 속임수와 기만으로 가득한 세상을 보아야만 하는 눈은 쓰라리며, 뼛속 깊이 스며드는 세상의 차가움 앞에서 오싹해지는 우리 영혼은 시편 말씀처럼 절규할 수밖에 없습니다. "내 영혼이 하나님 곧 살아 계시는 하나님을 갈망하나니 내가 어느 때에 나아가서 하나님의 얼굴을 뵈올까." 밤이 낮을 기다리고 겨울이 봄을 기다리며 악으로 고통당하는 영혼이 선을 애타게 기다리듯, 세상은 '하나님 뵙기'를 갈망하고 있습니다.

우리 개개인이 하나님의 얼굴을 갈망하듯, 온 세상이 하나님 없는 세상의 비참한 현실 속에서 하나님의 얼굴을 바라며 절규하게 되는 그런 시간이 있습니다. 구약 시대 유대인들의 역사는 하나님을 찾아 외치는 이런 절규로 점철되어 있습니다. 소크라테스, 플라톤, 칸트 그리고 독일 철학은 모두 한목소리로 이런 절규에 동의하고 있습니다. 우리가 살고 있는 이 시대에도 저 옛날 그 애타는 절규가 다시 울려 퍼지고 있습니다.

그리스도인으로 살아가면서 가장 충격적인 사실은 자신이 순결한 상태로 머물 수 없으며, 날이면 날마다 넘어질 수밖에 없는 존재라는 것입니다. 그 사실을 직시할 때 밤마다 하나님께 울부짖을 수밖에 없습니다. "주님, 혼자서는 할 수 없으니 저를 정결케 해 주십시오. 제 속에 정직한 마음을 창조해 주십시오." 그러나 이 세상에 사는 동안, '그들이 하나님을 볼 것'이라는 약속이 우리에게 성취되었음을 확신하지는 못합니다.

하나님을 본다는 것은 자신의 삶 속에서 하나님을 인식할 뿐 아니라, 세상 속에서 하나님을 인식하고 그분을 보며 그분의 뜻을 이해하는 것입니다. 하나님을 본다는 것은 깊은 영적 세계로 들어가 신의 성품에 참예하며, 어린아이와 같이 놀라움이 가득한 눈으로 하나님의 비밀이 계시되는 것을 보는 것입니다. 이 세상에서 우리는 이 모든 것에 대해 그림자를 보듯 예감할 뿐입니다. 이 세상에서는 부분적으로 알 수 있을 뿐이지만, 저 세상에서 우리는 하나님을 얼굴과 얼굴로 대면하여 바라보게 될 것입니다. 하나님을 본다는 것은 사랑과 감사, 순결함 속에서 우리 자신이 영원의 일부가 되는 것입니다. 하나님을 본다는 것은 흰 옷을 입고, 구원받은 사람들과 더불어 목소리 높여 찬양하는 것입니다.

1928년 8월 12일, 바르셀로나, DBW 10, pp. 493-498.

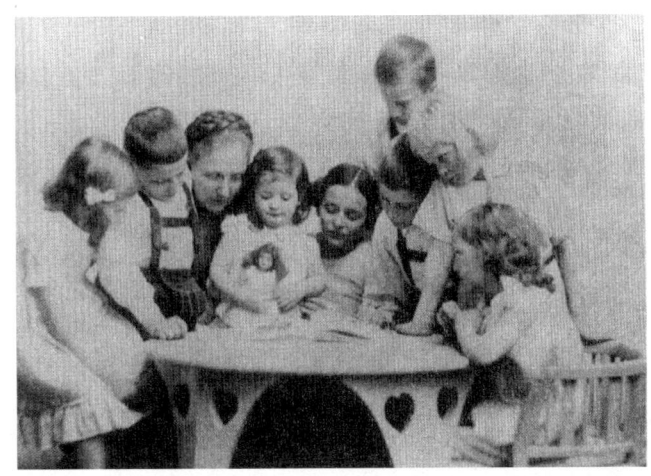

1차대전이 발발하고 디트리히 본회퍼의 큰형 칼-프리드리히와 둘째 형 발터가 군에 소집된 것은 디트리히가 열한 살 때의 일이었다. 둘 다 병사가 가장 많이 필요한 보병부대에 배속되었다. 조용하고 신중했던 열여덟 살 소년 발터가 서부전선으로 떠나기 전날 저녁에 온 가족이 함께 모여 음악회를 가졌다. 디트리히는 발터를 위해 특별한 작별의 노래를 불렀다. 다음날 그들은 모두 기차역에 나가 발터와 작별 인사를 나누었다. 두 주 후, 1918년 4월 23일 발터는 치명적인 부상을 입고 닷새 후 야전병원에서 죽고 말았다. 이제 디트리히에게 죽음은 추상적인 개념이 아니라 잔인한 현실이 되었다. 디트리히는 발터가 견신례 때 받았던 성경을 물려받았다. 그것은 소중한 보물이 되었고, 그의 삶에 새로운 방향을 알려주는 전조가 되었다. ▲ 어머니 파울라 본회퍼와 여덟 명의 자녀들(오른쪽에서 두 번째가 디트리히)

그리스도인에게 세상은

이 세상도 그 정욕도 지나가되
오직 하나님의 뜻을 행하는 자는 영원히 거하느니라. —요일 2:17

전도자 솔로몬은 '모든 것이 완전히 헛되다'는 심각한 말을 했습니다. 세상은 공허할 뿐만 아니라 세상에서 행하는 모든 일들도 공허합니다. 즐거움은 지나가 버리고, 수고는 날마다 다시 찾아오며, 삶이란 차라리 죽음이라고 말해야 한다는 옛 노래 가사처럼, 이 세상에서의 삶은 어제도 오늘도 힘들게 반복될 뿐입니다. 한마디로 말해서 모든 것이 철저하게 헛될 뿐입니다.

시간이란 두 가지 의미에서 참으로 무서운 말입니다. 그중 하나는 한번 엎지른 물은 다시 주워 담을 수 없듯이, 한번 일어난 일은 결코 없었던 일로 되돌릴 수 없다는 의미에서 무섭습니다. 죄는 죄로 남아 있으며 실수는 실수로 남아 있습니다.

우리는 지금까지 살아오면서 이런 죄와 실수로 인해 많은 눈물을 흘려야 했고, 또 앞으로도 많은 눈물을 흘려야만 합니다. 또 하나 무서운 것은 시간이란 한순간도 정지되는 일이 없다는 것입니다. 모든 것이 영원한 변화 속에서 이미 정해진 목표를 향해 흘러갑니다. 그 목표란 다름 아닌 죽음입니다. 시간은 기쁨과 환희의 순간, 축복과 쾌락의 순간을 뒤로하고 무자비하게 흘러가 버립니다.

오늘 말씀은 언젠가는 모든 것의 종말이 오며, 그날이 오면 우리 삶을 결산해야 한다는 사실을 기억하라고 엄중하게 선언하고 있습니다. 죽음의 순간은 반드시 우리를 찾아올 것입니다. 오직 하나 영원을 제외한 모든 것, 시간의 지배 아래 있는 모든 것은 사라지고 말 것입니다.

하나님은 우리를 이 세상에 두셨습니다. 우리는 이 세상 속에서, 언젠가는 사라져 버릴 이 세상 한가운데서 하나님의 뜻을 준행하며 살아야 합니다. 우리를 기쁘게 하는 것들을 보면서 마음껏 기뻐하십시오. 그러나 우리의 마음을 세상에 두지 마십시오. 우리의 마음은 영원에 속해 있습니다. 우리의 마음은 하나님의 소유입니다. 그러므로 세상이 우리의 마음을 원한다면 세상과 전쟁을 선포하십시오. 그러나 세상이 우리의 힘과 도움, 우리의 삶을 원한다면 힘이 닿는 데까지 헌신적으로 주는 삶을 사십시오. 그러면 우리는 사망의 사람에서 영원의 사람으로 변화할 것입니다.

그리스도인이 살아가는 터전, 그의 신앙과 삶이 진실됨을 증명할 수 있는 곳은 이 세상입니다. 그리스도인은 이 세상에 적응해서 살고, 이 세상에서 함께 일하고 영향을 끼치며, 이 세상에서 하나님의 뜻을 행해야만 합니다. 그러므로 그리스도인은 풀 죽은 비관론자가 아니라 세상에 대해 기대하는 것이 적기 때문에 이 세상 한가운데서 이미 기쁘고 쾌활하게 살아가는 사람입니다. 왜냐하면 그리스도인에게 세상은 영원으로 들어가는 씨를 뿌리는 밭이기 때문입니다.

1928년 8월 26일, 바르셀로나, DBW 10, pp. 499-504.

용서

예수께서 이르시되 네게 이르노니 일곱 번뿐 아니라
일곱 번씩 일흔 번까지라도 할지니라. ─마 18:22

우리는 다른 사람과의 관계성에 대해 너무 쉽게 생각하는 경향이 있습니다. 누군가에 대해 나쁜 생각만 품지 않는다면 이미 용서한 것이나 다를 바 없다고 여기며 무감각해합니다. 그러면서 그 사람에 대해 좋은 생각을 품고 있지 않다는 사실에 대해서는 전혀 개의치 않습니다. 그러나 용서한다는 것은 그 사람에 대해 순전히 좋은 생각만 품으며, 온 힘을 다해 그를 참고 감당하는 것입니다. 우리는 바로 이 부분에서 진정으로 용서하기보다는 적당히 우회해 버리기를 잘합니다. 다른 사람을 감당하는 대신에, 그 사람 옆에 나란히 서 있으면서도 그 사람의 침묵에 익숙해지며 그의 존재 자체에 무관심해져 버리고 맙니다.

그러나 용서란 참고 감당하는 것입니다. 누군가를 참고 감당한다는 것은 그의 모든 면을 참고 감당하는 것입니다. 그 사람의 모습에서 참으로 불쾌하고 감당하기 어려운 부분, 그의 잘못과 죄, 더 나아가 우리를 거스르며 대적하는 부분까지 포함한 모든 것을 끝까지 포기하거나 외면하지 않고 잠잠히 참고 감당하며 사랑하는 것입니다. 이것이 용서입니다!

용서한다는 것, 순전한 사랑으로 용서한다는 것, 그 사랑으로 다른 사람과의 관계를 끊어 버리지 않고 계속 참아 주고 감당하는 것은 결코 작은 일이 아닙니다.

용서는 시작도 끝도 없이 매일 끊이지 않고 일어나는 것입니다. 용서는 하나님에게서 오기 때문입니다. 또한 용서는 더불어 살아가는 삶에서 이웃과의 모든 부자연스러운 관계를 자유롭게 하는 원동력입니다. 우리는 용서함으로써 자기 자신으로부터 자유로워질 수 있기 때문입니다. 용서함으로써 자기 자신의 권리를 포기하고, 오직 다른 사람을 돕고 섬길 수 있기 때문입니다.

더 이상 예민하게 반응할 필요가 없습니다. 우리의 명예가 손상되지나 않을까 염려하며 마음을 쓸 필요도 없습니다. 다른 사람이 우리에게 반복하여 불의를 행할지라도 더는 격분할 필요가 없습니다. 다른 사람을 끊임없이 판단할 필요도 없습니다. 다만 있는 모습 그대로 상대방을 품고, 아무 조건 없이 모든 것에 대해 끊임없이 용서하기만 하면 됩니다.

이웃과 이런 평화를 누리며 살 수 있고, 그 누구도 그 무엇도 우리가 누리는 평화를 깨뜨릴 수 없다는 사실은 진정 엄청난 은혜가 아닙니까? 우리가 소중히 여기는 우정이나 명예, 형제애가 확고하고 영속하는 토대 위에 견고하게 서기 위해 꼭 필요한 평화는 용서함으로써 가능합니다.

1935년 11월 7일, 핑켄발데, DBW 14, pp. 907-909.

진리와 자유

진리를 알지니 진리가 너희를 자유롭게 하리라. —요 8:32

진리는 인간의 삶에서 왠지 낯설고 이상하며 예외적인 것입니다. 진리가 말해지는 곳에서는 전혀 예기치 않은 일들이 갑자기 우리 삶 속으로 무섭게 뛰어드는 것처럼 느껴집니다. 참된 진리는 인간을 구속에서 풀어 주며 자유롭게 하기 때문입니다. 참된 진리는 인간으로 하여금 자신이 지금까지 거짓에 매여 자유롭지 못했고 두려움 속에서 살아왔음을 알게 하며, 그에게 자유를 되돌려 주려고 하기 때문입니다.

우리는 모두 진리 앞에서 두려움을 느낍니다. 이러한 두려움은 근본적으로 하나님에 대한 두려움입니다. 하나님이 바로 진리이시기 때문입니다. 그래서 우리는 하나님을 두려워합니다. 하나님이 갑자기 우리를 진리의 빛 앞으로 이끌어 내어 우리의 거짓된 모습을 드러내실까 봐 두려워합니다. 진리는 우리 위에 있는 하나의 권세이며, 언제든 우리를 멸망시킬 수 있는 강력한 능력입니다. 진리는 결코 개념이나 이상 따위가 아닙니다. 진리는 하나님의 검입니다. 무서운 파괴력을 가지고 밝은 빛을 발하며 밤하늘을 뚫고 지나가는 번개와도 같습니다. 진리는 살아 계신 하나님 자체이며, 하나님의 말씀입니다.

이 진리 앞에서 인간은 죽을 수밖에 없는 운명입니다. 이 사실을 아는 인간은 거짓과 핑계로 자신을 점점 더 깊숙이 감춰 버립니다. 인간은 죽고 싶지 않아서 진리와 대면하기를 꺼리는 것입니다.

자유롭게 된다는 것은 세상에서 위대해지는 것을 뜻하지 않습니다. 형제를 대적하고 하나님을 거스르면서 자유로워지는 것이 아니라 자기 자신으로부터 자유로워지는 것입니다. 세상에서 자신이 최고이고, 세상에 자기 혼자만 있는 것처럼 생각하며, 자신이 세상의 중심인 것처럼 여기는 거짓으로부터 자유로워지는 것입니다. 그리하여 하나님의 피조물을 경시하는 미움에서 벗어나며, 자신으로부터 자유로워져 타인을 위해 살게 되는 것입니다.

하나님의 진리만이 우리로 하여금 타인을 볼 수 있게 합니다. 하나님의 진리는 우리 자신에게 고정된 눈을 들어 타인을 보게 합니다. 나의 눈을 들어 타인을 보게 함으로써, 진리는 나에게 하나님의 사랑과 은혜를 행하는 것입니다. 하나님의 진리는 미움을 멸하고 사랑을 창조합니다. 하나님의 진리는 하나님의 사랑이며, 하나님의 사랑은 우리로 하여금 자신으로부터 자유로워져 타인을 위해 살게 합니다. 자유롭다는 것은 사랑 안에 거하는 것이며, 사랑 안에 거하는 것은 하나님의 진리 안에 거하는 것입니다. 하나님의 진리가 이 세상에서 걸어간 길은 십자가의 길입니다. 그러므로 그리스도를 따르며 순종하는 교회는 그리스도와 함께 십자가로 가야 합니다.

1932년 7월 24일, 베를린, DBW 11, pp. 456-462.

어린 시절 디트리히 본회퍼의 가장 가까운 친구이자 외사촌이었던 한스-크리스토프 폰 하제는, 디트리히가 신학을 공부하기로 결정한 것은 둘째 형 발터의 죽음 직후였다고 회상했다. 그때 디트리히는 열두 살이었고, 자신의 결정을 오랫동안 입 밖에 내지 않았다. 그는 신학을 공부하려는 생각을 공적으로 밝히지는 않았지만, 종종 영적 문제들에 꽤 깊은 관심을 가졌다. 친구들도 그에게 신학적인 질문을 즐겨했다. "선은 참으로 악을 이길 수 있을까?" "우리 뺨을 때리는 무례한 사람에게 다른 뺨마저 돌려대야 하는 거야?" 디트리히는 자주 다른 질문으로 응수하여 상대로 하여금 문제를 더 깊이 생각하게 만들었다. "너는 예수님이 무정부 상태를 원하셨다고 생각해? 예수님이 채찍을 들고 성전에 들어가신 이유가 뭘까? 돈 바꾸는 사람들을 쫓아내려고 그러신 것이 아닐까?" ▲ 여덟 살 때 디트리히와 쌍둥이 누이 자비네

깨어 있다는 것

그러므로 이르시기를 잠자는 자여 깨어서 죽은 자들 가운데서
일어나라 그리스도께서 너에게 비추이시리라 하셨느니라. ―엡 5:14

인간은 결코 몽롱하게 잠들어 있어서는 안 되며 깨어 있어야 할 존재입니다. '깨어 있다'는 것은 '정신을 차리는 것'을 말합니다. 허망한 꿈과 소원 속에 머무는 것이 아니라 '현실에 두 발을 딛고 살아가는 것'을 말합니다. 깨어 있다는 것은 낮을 사랑하고, 낮의 일을 사랑하는 것입니다. 다른 말로 하면, 헛된 환상을 품지 않는 것입니다. 헛된 환상은 세상을 우상화하게 만들고, 오직 하나님 한 분에게 고정시켜야 할 시야를 흐리게 합니다. 그래서 세상을 자신의 소원과 선입견이라는 색채를 통해서 보게 만듭니다.

깨어 있다는 것은 세상을 판단하는 눈으로 보는 것이 아니라 하나님 앞에서 있는 그대로 보는 것입니다. 깨어 있다는

것은 열린 마음으로 미래를 준비하는 것이며, 두 눈을 똑바로 뜨고 두려움 없이 미래를 직시하는 것을 의미합니다. 깨어 있다는 것은 하나님의 밝은 낮을 있는 그대로 보고, 하나님의 피조물과 하나님의 역사를 사랑하는 것입니다. 그와 동시에 피조물의 고통을 보고 타인의 곤경과 무력함을 보며, 그가 도움을 구하지 않아도 그의 필요를 조용히 채워 주는 것입니다. 깨어 있다는 것은 영원한 책임에 대해 아는 것입니다.

인간 스스로의 노력으로는 이처럼 깨어 있을 수 없습니다. 하나님이 친히 우리를 하나님 앞에서 사는 삶으로 부르셔야 깨어 있을 수 있습니다. 마치 서늘한 흙 위에 누워 잠들어 있던 아담을 만지셔서 생명으로 불러내신 것처럼 말입니다. 깨어 있다는 것은 오직 하나님 앞에서 사는 것을 의미합니다. 오직 하나님만이 불멸하는 존재이기 때문입니다.

그러므로 "죽은 자들 가운데서 일어나라"는 말은 '살라'는 말과도 같습니다. 이 말이 뜻하는 바를 완벽하게 표현해 낼 수는 없습니다. 그러나 대략 이런 뜻이라고 할 수 있습니다. "네 모습 그대로 하나님 앞에서 살라." 즉 가면을 쓰지 말라는 것입니다. 정말이지 어떤 가면도 쓰지 마십시오! 산 자가 되십시오! 죽은 자들 가운데서 일어나십시오! 하나님이 당신을 만드신 뜻대로 그분 앞에서 사십시오! 그러나 여기서 '살라'는 말은 명령일 수 없습니다. '살라'는 말은 하나님의 창조의 말씀 그 자체입니다.

"그리스도께서 너에게 비추이시리라"는 말씀은 그리스도께서 세상을 아시고 세상에 오셔서 십자가에 죽으셨던 것처럼, 이 세상의 모든 곤궁과 비참함을 사랑의 눈으로 바라보라는 것입니다. 그리고 사랑 안에서 모든 곤궁 너머에 있는 마지막 소망을 인식하라는 것입니다. 그 마지막 소망은 유일하신 세상의 주님께서 오셔서 그분의 사역을 영화롭게 하실 것이라는 사실입니다. "그리스도께서 너에게 비추이시리라"는 말씀은 "모든 것 위에 하나님을 사랑하며 이웃을 네 몸처럼 사랑하라"고 하신 말씀 그대로 사는 것입니다. 그것이 바로 '산다'는 뜻입니다.

1932년 10월, 베를린, DBW 11, pp. 464-465.

거룩한 슬픔

시몬 베드로가 대답하여 이르되 주는 그리스도시요
살아 계신 하나님의 아들이시니이다. —마 16:16

그리스도는 죽음을 목전에 둔 시점에서, 처음으로 자신의 고난에 대해 예고하기 직전에 주님의 교회에 대해 약속하셨습니다. 즉 작은 무리의 교회, 조용한 변두리에 자리한 교회, 죽음을 목전에 둔 교회, 이런 교회에 대해 말씀하고자 하신 것입니다.

"주는 그리스도시요 살아 계신 하나님의 아들이시니이다." 예수님이 누구신지에 대한 인간적인 견해와 의견이 분분한 가운데 베드로의 대답으로 인해 전혀 새로운 시야가 열립니다. 베드로의 대답에서는 하나님의 이름이 불려지고, 영원한 것이 말해지며, 비밀이 드러납니다. 베드로와 다른 사람들의 차이는 무엇입니까? 베드로는 그저 고백하는 사람일 뿐 다른 사람들과 전연 차이가 없습니다. 그리스도를 만났고, 그분이 그리스도이심을 알게 되었으며, 이제 믿음으로 신앙을 고백했을 뿐입니다. 이렇게 신앙을 고백하는 베드로를 주님은 반석이라 부르시며, 이 반석 위에 주님의 교회를 세우고자 하십니다.

베드로 교회는 반석 교회이며, 그리스도께 신앙을 고백하는 교회입니다. 베드로 교회는 견해나 의견들에 기초한 교회가 아니라 계시의 교회입니다. '사람들이 뭐라고 말하는가?'에 대해 말하는 교회가 아니라 베드로의 신앙 고백을 늘 새롭게 하며 자기 자신을 바로 세우는 교회입니다. 주님의 교회는 늘 찬양과 기도 속에서 신앙을 고백하고 전하면서 대열을 정비해 나갑니다. 교회가 이러한 신앙 고백의 반석 위에 세워질 때, 비로소 교회로 존재할 수 있습니다. 어떠한 이유로든 한순간이라도 신앙 고백을 멈춘다면, 바람에 불려 날아가는 모래 위에 지은 집이 되고 맙니다(마 7:26).

그러나 베드로 교회는 신앙 고백과 믿음의 반석, 베드로에 대한 자부심으로만 넘칠 수 없습니다. 베드로는 유다가 주님을 배반하던 그 밤에 주님을 부인했습니다. 그리스도께서 대제사장 앞에서 심문당하시던 그 밤에, 베드로는 장작불 앞에서 자신이 그리스도의 제자라는 사실을 감추려고 했습니다. 그러나 성경은 베드로가 실패한 그 순간을 이렇게 기록합니다. "밖에 나가서 심히 통곡하니라"(마 26:75, 눅 22:62). 베드로는 밖에 나가서 심히 통곡했습니다. 베드로 교회는 신앙을 고백할 뿐 아니라 연약하여 신앙을 부인하기도 합니다. 그러나 그와 동시에 슬피 울 수 있는 교회입니다. 성경은 "우리가 바벨론의 여러 강변 거기에 앉아서 시온을 기억하며 울었도다"(시 137:1)라고 기록합니다.

이것이 바로 교회입니다. 이러한 눈물이야말로 길을 다시 찾은 사람이 돌이켜 고향으로 가는 것과 같으며, 잃어버렸던 아들이 아버지를 찾아와 그 앞에 울면서 무릎 꿇는 것이 아니겠습니까? 베드로 교회는 우리를 기쁨으로 인도하는 거룩한 슬픔을 느끼는 교회입니다.

1933년 7월 23일, 베를린, DBW 12, pp. 467-469.

열네 살 때 견신례를 받은 후 디트리히 본회퍼는 마침내 신학자가 되겠다는 생각을 가족들에게 밝혔다. 처음에 형들과 누나들은 그의 말을 진지하게 받아들이지 않았다. 그러나 그들이 그 결정을 놀릴수록 디트리히는 점점 더 진지해졌다. 당시에 자연과학을 공부하던 큰형 칼-프리드리히와 법학 공부를 시작한 클라우스는, 교회란 시간과 정력을 쏟을 만한 가치를 지닌 대상이 아니라는 점을 디트리히에게 납득시키려고 애썼다. 다른 가족들에 따르면, 그는 "그렇다면 내가 교회를 개혁할 거야!"라고 소리를 질렀다고 한다. 디트리히가 학교에서 선택과목으로 히브리어를 배우고, 어머니와 함께 교회 예배에 참석하기 시작했을 때, 모두들 그가 신학 공부를 하기로 한 결정이 매우 진지하다는 것을 깨닫게 되었다. ▲ **열한 살 때의 디트리히**

주간묵상

나는 누구인가?

나는 누구인가? 사람들은 자주
내가 감방을 나설 때면 마치 영주가 자기 성에서 나오듯
태연하고 명랑하고 확고한 발걸음으로 걸어나온다고 말한다.

나는 누구인가? 사람들은 자주
내가 간수들과 대화할 때면 자유롭고 다정하고 분명하게
마치 내가 명령하는 사람인 것처럼 행동한다고 말한다.

나는 누구인가? 사람들은 또한 말하길,
불행한 날들을 보내고 있는 내가 마치 항상 승리하는 사람처럼
잔잔히 미소 지으며 자부심에 넘치는 것 같다고 한다.

나는 정말 사람들이 말하는 그 사람일까?
아니면 나 자신이 알고 있는 그 사람일 뿐인가?
새장 속의 새처럼 불안해하며 그리움에 지쳐 병든,
목 졸린 사람처럼 숨을 쉬려고 바둥거리며,
색깔과 꽃, 새들의 노랫소리를 동경하며,
한마디 친절한 말과 사람에 대한 그리움에 목말라하고,

폭력과 사소한 모독에도 분노하여 떠는 나,
뭔가 엄청난 일이 일어나길 바라는 기대로 방황하며
한없이 먼 곳에 있는 친구에 대한 걱정으로 어쩔 줄 몰라하는 나,
기도하고 생각하고 창작하는 일에도 이제는 지치고 공허해져서는
힘없이 모든 것에 이별을 고할 준비를 하는 그 사람인가?

나는 도대체 누구인가? 전자인가 후자인가?
오늘은 이 사람이고, 내일은 저 사람인가?
두 사람 모두 나인가? 사람들 앞에서는 위선자이며,
나 자신 앞에서는 경멸스럽도록 비통해하는 겁쟁이인가?
아니면 아직도 내 속에는 이미 거둔 승리 앞에서
꽁무니를 빼려는 패잔병 같은 모습이 남아 있는 건가?

나는 도대체 누구인가? 이 고독한 물음이 나를 비웃는다.
내가 누구이든 당신은 나를 아시며,
오 하나님, 나는 당신의 것입니다!

1944년 7월의 편지, 옥중시, *Widerstand und Ergebung*, p. 187.

부르심

여호와여 주께서 나를 권유하시므로 내가 그 권유를 받았사오며
주께서 나보다 강하사 이기셨으므로 내가 조롱거리가 되니
사람마다 종일토록 나를 조롱하나이다. —렘 20:7

부르심은 우리 마음의 소원에서 나오는 것이 아니라 일방적으로 임하는 것입니다. 부르심은 주님이 원하시는 사람에게 주님이 원하시는 때에, 낯설고 어색하며 전혀 예기치 못한 주님의 말씀으로 강력하게 임하여 꼼짝없이 사로잡아 주님을 섬기게 합니다. 그 누구도 주님의 부르심을 거역할 수 없으며, 오직 주님이 주시는 말씀이 있을 뿐입니다. "내가 너를 모태에 짓기 전에 너를 알았고 네가 배에서 나오기 전에 너를 성별하였고 너를 여러 나라의 선지자로 세웠노라"(렘 1:5).

이렇게 말씀하시는 순간, 우리는 낯설고 멀기만 했던 미지의 강력한 말씀이 갑자기 너무나도 친숙하고 가까운 말씀, 자신의 피조물을 애타게 찾는 설득력 있고 매혹적인 주님의 사

랑 어린 말씀임을 발견하게 됩니다.

예레미야는 이렇게 말하는 것입니다. "하나님, 당신은 제 인생에 간섭하셨습니다. 당신은 제가 가는 길에 갑자기 나타나셨고, 저를 매혹시켜 당신께 제 마음을 드리게 하셨습니다. 또한 당신의 동경과 영원한 사랑에 대해, 그리고 당신의 신실하심과 강한 권능에 대해 들려주셨습니다. 능력이 필요할 때 힘이 되어 주셨고, 의지할 곳이 필요할 때 피난처가 되어 주셨으며, 용서를 구할 때 저의 죄를 용서해 주셨습니다. 당신은 저를 설득하셨고, 저는 당신의 설득에 넘어갔습니다. 당신의 사랑이 이토록 아픈 줄 알았겠습니까? 당신의 은혜가 이토록 혹독한 줄 알았겠습니까? 당신은 저를 성공이나 실패 따위와는 무관하게 당신에게 단단히 붙들어 매셨습니다."

더 이상 하나님을 떠나서는 살 수 없는 것, 이것이 모든 그리스도인의 삶에 끊임없이 내재하는 번민입니다. 그것은 마치 어린아이가 어머니의 품을 떠날 수 없으며, 남편이 사랑하는 아내를 떠날 수 없는 것과 같습니다. 하나님의 지속적인 임재는 그 사람이 감당할 수 없을 정도로 강합니다. 너무 힘들어서 더는 하나님과 동행할 수 없다고 생각하는 바로 그때, 하나님의 임재와 신실하심을 경험하게 됩니다. 하나님의 능력으로 위로를 받고 도움을 얻게 됩니다. 그때가 바로 하나님을 강력한 주인으로 모신 사람이, 하나님 앞에 무너져 절망하는 성도가, 비로소 하나님이 누구신지 알고 진정한 그리스도인의 삶이 무엇을 뜻하는지 깨닫는 순간이기도 합니다. 하나님의 손에서 벗어날 수 없는 삶은 많은 두려움과 절망, 환난이 따르는 삶을 의미합니다.

사로잡힌 자는 우아한 옷차림을 하고 있는 것이 아니라 그저 사슬에 매여 있을 뿐입니다. 하지만 이것은 이 세상과 사람들 앞에 승리자로 등장하시는 분을 영화롭게 합니다. 우리가 매여 있는 사슬과 낡고 해어진 옷, 우리 몸에 남은 상처 자국들은 진리와 사랑이신 은혜의 주님을 영화롭게 하는 찬송입니다. 진리와 의의 개선 행렬, 하나님과 복음의 개선 행렬이 이 세상을 가로지르며 전진할 때, 우리는 매인 자요 갇힌 자로서 개선 행진하는 마차 뒤를 따르는 것입니다. "주님, 우리를 항상 새롭게 권유하시고 우리에게 강해지셔서, 우리가 살든지 죽든지 주님만 믿으며 주님의 승리를 바라보게 하소서."

1934년 1월 21일, 런던, DBW 13, pp. 347-351.

디트리히 본회퍼의 삶에 큰 영향을 미친 사람들 중에 그의 할머니 율리 본회퍼가 있다. 튀빙겐 대학교에서 공부할 때 디트리히는 할머니와 함께 살았다. 할머니는 두뇌가 명석하고 매력적인 여인으로, 독일과 세계의 정치 변화에 경계를 늦추지 않았다. 수년 후 가족들은 아흔이나 된 할머니가 나치 돌격대원들과 맞선 일을 자랑스럽게 이야기했다. 1933년 4월 모든 유대인들의 사업장에 불매 운동이 벌어졌을 때, 디트리히의 할머니는 나치 돌격대원들과 바리케이드를 지나서 자신이 항상 다니던 유대인 상점에 갔다. 할머니는 상점에 들어가기 전에 바리케이드 앞에서 있던 나치 돌격대원들에게 "나는 버터를 늘 사던 곳에서 산다우"라고 말했다. 1936년 할머니가 세상을 떠났을 때, 디트리히는 장례식에서 이렇게 말했다. "우리에게 세계는, 우리 모두가 어떻게든 간직해 왔고 또 우리 안에 간직하길 바라던 세계는 할머니와 함께 끝나고 말았습니다. 타협하지 않을 권리, 자유인으로서 자유롭게 발언하기, 발언한 말의 구속력, 말의 명료함과 솔직함, 사적으로나 공적으로나 성실하고 단순한 삶, 할머니는 이런 것들을 위해 평생을 바치셨습니다." ▲ 열여섯 살 무렵의 본회퍼

하나님과 우리 사이의 비밀

오직 은밀한 가운데 있는 하나님의 지혜를 말하는 것으로서
곧 감추어졌던 것인데 하나님이 우리의 영광을 위하여
만세 전에 미리 정하신 것이라. —고전 2:7

인간의 삶은 비밀을 존중하는 만큼 그 가치를 인정받을 수 있습니다. 비밀을 존중하지 않는 삶은 우리 개개인이나 타인의 삶 속에 있는 비밀을 깨닫지 못할 뿐 아니라 이 세상의 비밀에 대해서도 모릅니다. 자신의 삶이나 타인의 삶 속에 숨어 있는 내밀한 것, 이 세상에 숨겨진 깊은 비밀을 무심코 지나쳐 버리며 피상적으로 대합니다. 비밀을 존중하지 않는 삶이란, 우리 인생에 선행하는 절대적인 가치를 전혀 알려고 하지 않고 아예 부인해 버리는 것을 말합니다. 나무가 어두운 땅속 깊이 뿌리내리고 있으며, 빛 가운데 살아가는 모든 것이 어머니 모태의 어둡고 은밀한 장소에서 기원하고 있음을 인정하려고 하지 않는 것입니다.

비밀이란 단순히 무언가에 대해 모르는 것을 의미하지 않습니다. 가장 멀리 떨어져 있는 별이 우리에게 가장 큰 비밀은 아닙니다. 사실은 그 반대입니다. 무언가를 가까이하면 할수록, 무언가를 더 잘 알게 될수록 그것은 더욱더 비밀스러워집니다. 우리에게 가장 큰 비밀은 우리와 가장 멀리 떨어져 있는 사람이 아니라 우리와 가장 가까이 있는 사람입니다. 그 사람에 대해 알게 될수록 그에 대한 비밀이 줄어드는 것이 아닙니다. 그 사람과 가까워질수록 더욱더 비밀스러워질 뿐입니다.

두 사람이 서로 사랑하여 가까워질 때, 모든 비밀은 궁극적인 깊이에 이르게 됩니다. 이 세상 어디에서도 비밀의 강력한 힘과 영광을 이곳에서보다 더 강하게 느낄 수는 없을 것입니다. 두 사람이 서로에 대해 모든 것을 알게 될 때, 그들이 나누는 사랑의 비밀은 무한히 커집니다. 이러한 사랑 안에서 그들은 비로소 서로를 이해하게 되고, 서로를 온전히 알게 되며, 서로를 온전히 인식하게 됩니다. 그러나 그들이 서로 사랑하면 할수록, 사랑 안에서 서로를 더 알아갈수록 그들 안에 있는 사랑의 비밀 역시 더욱 깊어집니다. 지식은 비밀을 소멸시키는 것이 아니라 더욱더 깊어지게 합니다. 어떤 사람이 나와 이토록 가까이 있다는 것, 그것이 가장 큰 비밀입니다.

"오직 은밀한 가운데 있는 하나님의 지혜를 말하는 것으로서." 하나님의 생각은 우리 손바닥 위에 놓여 있는 것이 아니며, 누구에게나 통하는 상식이 아닙니다. 하나님은 우리가 이해하고 싶다고 해서 이해할 수 있는 분이 아닙니다. 교회는 '오직 은밀한 가운데 있는 하나님의 지혜'에 대해 말합니다. 하나님은 은밀한 가운데 살아 계십니다. 그분의 존재는 우리에게 비밀이며, 영원에서 영원까지 비밀입니다.

하나님께서 우리를 위해 스스로 낮아지셨고, 나사렛 예수 안에 하나님이 계시다는 사실이 바로 은밀하게 숨겨진 지혜입니다. 그것은 눈으로 보지 못했고, 귀로도 듣지 못했으며, 그 누구도 마음에 생각지 못했던 것입니다. 비천함과 가난 속에 나타나는 하나님의 영광, 인간에 대한 사랑 속에 나타나는 하나님의 영광, 하나님이 멀리 계시지 않고 우리 가까이에 오셔서 우리를 사랑하신다는 것, '하나님의 사랑과 임재'가 바로 그분을 사랑하는 자를 위해 하나님께서 예비해 놓으신 놀라운 비밀입니다.

1934년 5월 27일, 런던, DBW 13, pp. 360-362.

스물한 살이 되던 1927년에 본회퍼는 신학 수업을 마치기 위해 '성도의 교제(The Communion of Saints)'라는 학위 논문을 썼다. 교회가 진정한 하나님의 백성다운 모임으로 공동체를 이룰 때 "하나님의 통치를 받는다는것은 하나님과 더불어, 그리고 교회와 더불어 교제하며 사는 것을 의미한다"고 그는 주장했다. 교회를 공동체로 바라본 본회퍼의 생각은 당시 대부분의 학자들보다 여러 해 앞선 것으로서 칼 바르트에 대한 그의 연구와 독특한 성경 해석을 반영하고 있었다. 본회퍼는 초기 저작에서 사회 속에서 교회에 주어진 소임에 관한 생각을 분명히 밝히기 시작했다. 이런 생각은 1930년에 유니온 신학교에서 '사회정의'라는 미국인들의 개념을 접하면서 강화되었고, 그 결과 그는 나치에 반대하고 유대인들을 지지하는 발언을 하게 되었다. ▲ 1930-1931년. 미국 뉴욕의 유니온 신학교 시절의 본회퍼(맨 왼쪽 가운데 줄)

예수님의 멍에

수고하고 무거운 짐 진 자들아 다 내게로 오라 내가 너희를 쉬게 하리라
나는 마음이 온유하고 겸손하니 나의 멍에를 메고 내게 배우라
그리하면 너희 마음이 쉼을 얻으리니 이는 내 멍에는 쉽고
내 짐은 가벼움이라 하시니라. ─마 11:28-30

수고하고 무거운 짐 진 자들은 렘브란트가 그의 동판화에 묘사해 놓은 것처럼 가난한 자, 곤궁한 자, 병든 자, 한센병 환자, 난쟁이, 주름살투성이의 찌그러진 몰골의 사람들만이 아닙니다. 젊고 행복해 보이는 얼굴에도 수고하고 무거운 짐진 자들이 감추어져 있습니다. 세상에서 화려하고 성공한 인생을 살고 있는 사람들 가운데도, 많은 사람들에게 둘러싸여 있으면서도 모든 것이 공허하고 무의미하며 끝없이 버림받은 느낌으로 괴로워하는 영혼들이 있습니다. 이 모든 겉치장 속에서 그들의 영혼이 썩어 가는 것을 느끼기 때문에 이러한 삶이 역겨운 것입니다.

  힘겨운 짐을 지고 괴로워하는 사람을 돕는 방법으로는 두

가지가 있습니다. 그 사람의 짐을 모두 취하여 앞으로 더 이상 그 짐을 지지 않도록 해주거나, 그 사람이 자기 짐을 계속해서 질 수 있도록 짐을 가볍게 해주는 것입니다. 예수님은 첫 번째 방법을 택하지 않으십니다. 그분의 십자가를 지셨던 예수님은 우리 인간이 짐을 져야만 하는 존재, 즉 자기 십자가를 지고 사명을 감당해야 하는 존재임을 아십니다. 또한 아무런 짐을 지지 않는 삶이 아니라 오직 이러한 짐을 감당하는 삶을 통해 우리가 거룩해진다는 사실을 아십니다. 예수님은 하나님께서 우리 인간의 삶에 부여하신 짐을 가져가지 않으십니다. 다만 우리에게 그 짐을 지는 방법을 가르쳐 주심으로써 우리가 져야 할 짐을 가볍게 해주십니다.

"나의 멍에를 메고 내게 배우라." 멍에는 그 자체로 무거운 짐인데 이미 지고 있는 짐에 멍에를 더하여 지라는 것입니다. 그런데 멍에는 다른 짐을 가볍게 만드는 독특한 특성이 있어서, 자리에서 일어서지 못할 정도로 무거운 짐을 지고도 멍에로 인해 감당할 만하게 됩니다. 멍에는 자기 힘으로는 벅찬 무거운 짐을 고통이나 상처 없이 지도록 도와줍니다. 예수님은 우리의 짐이 너무 버겁지 않도록 우리를 그러한 멍에 아래로 인도하십니다.

우리 짐을 가볍게 해줄 예수님의 멍에는 바로 그분의 온유와 겸손입니다. '온유'란 '가시 돋친 채찍을 발길로 차지 않는 것'을 뜻합니다. 자신이 져야 하는 짐에 대해 반항하는 자세를 갖지 말며, 짐을 밀쳐 내려고 하지 말고, 잠잠히 인내하며 지고 가라는 것입니다. 우리에게 짐을 지우신 분은 하나님이며, 그분은 우리를 어떻게 도와야 할지 아십니다. 겸손이란 우리가 종이라는 사실과 하나님이 주인이라는 사실을 알고, 종으로서 짐을 지는 것이 당연하다는 사실을 아는 것입니다. 그와 동시에 우리 하나님이 선하신 주인이라는 사실을 알고, 우리가 지는 짐으로 인해 우리가 언젠가 거룩하고 겸손하며 순결하게 변화되면 그분이 친히 우리 어깨의 짐을 풀어 주시리라는 사실을 아는 것입니다.

1934년 9월말, 런던, DBW 13, pp. 374-377.

성령의 불

> 내가 불을 땅에 던지러 왔노니 이 불이 이미 붙었으면
> 내가 무엇을 원하리요. ―눅 12:49

일단 화재가 발생하면 얼마나 쉽게 번져 나가는지 인간이 창조하여 일궈 놓은 것을 하루아침에 잿더미로 만들어 놓을 수 있다는 사실을 우리는 잘 알고 있습니다. 그 장엄하고 무시무시한 힘을 예수님은 자신의 사역에 영입하고 싶어 하십니다. 견딜 수 없이 애타는 심정으로, 세상이 불이 붙어서 활활 타오르는 불꽃 속에 있기를 원하시는 것입니다. "이 불이 이미 붙었으면 내가 무엇을 원하리요."

옛날부터 하나님의 성령은 불에 비유되곤 했습니다. 거룩한 삶의 위대한 비밀은 불의 비밀과 닮은 점이 아주 많습니다. 하나님의 성령은 마치 불처럼 이 세상에 오셔서 불의 권세로 사람을 소유하십니다. 정열적인 움직임으로 다가와 우리를 사

로잡고, 우리의 평온한 삶을 깨뜨려 버립니다. 아마도 우리는 경악하여 소리칠지도 모르겠습니다. 구해 낼 수 있다면 구해 보십시오! 그러나 어느새 우리 속은 불이 붙어서 타고 깨어지고 녹아 버리기 시작합니다. 이러한 불에 맞선다 한들 이미 완전한 진멸에 내어진 바와 다름없습니다. 우리는 윤리나 종교 같은 가장 소중하고 훌륭한 것을 건져 내려고 시도하기도 합니다. 그러나 보십시오. 하나님의 불은 우리에게 속한 모든 영광이 아무것도 남지 않을 때까지 태우고 불살라 버립니다. 반항하며 방어하려 한들 무슨 소용이 있겠습니까? 우리가 잃어버린 것으로 인해 슬퍼하며 그것을 돌아볼 수 있기 전에, 이미 불이 우리 속에 들어와 있습니다. 우리는 자신이 영원하고 거룩한 불의 일부가 되어 있음을 느낍니다.

그 불은 우리 내면에 불길을 일으키며 타올라 빛을 발합니다. 그렇습니다. 빛을 발합니다! 밤 속으로 가라앉고 있는 세상 한가운데 던져진 거룩한 횃불, 신적 명확함, 거룩한 빛입니다. 횃불은 우리를 빛으로 안내하며, 그 횃불에 다른 사람들이 불을 붙입니다. 신적 영광의 찬란함으로 촛대들이 불을 밝히는 것입니다. 예수님은 우리가 그러한 존재가 되기를 원하십니다. 정화하며 빛을 발하고 따뜻하게 하는 불이 되기를 원하십니다. 그렇습니다. 따뜻하게 합니다! 여기서 그리스도의 사랑에 대한 찬미가 터져 나옵니다. 우리 속에 있는 하나님의 불은 하나님의 영을 일컫는 말이 아닙니까?

그렇다면 온 세상을 이길 수 있는 힘이 우리 안에 존재하는 것입니다. 온 세상을 내부에서부터 새롭게 하는 힘, 즉 사랑이 우리 안에 있는 것입니다. 하나님의 불은 우리 속에 갇혀 있지 않습니다. 하나님의 불은 세상을 향해 빛을 발합니다. 그 빛은 얼어붙은 마음을 따뜻하게 하며, 수많은 영혼을 뒤덮고 있는 얼음 껍데기를 녹여 버립니다. 그리하여 이웃을 하나님의 영광 속으로, 하나님 안에 있는 행복 속으로 이끌어 들입니다. 그렇습니다. 그리스도의 사랑이 우리를 강권한다면, 세상은 더 이상 차가워질 수 없습니다. 하나님의 영이 세상에 나타나는 곳이라면, 예수님이 이 땅에 불을 던지신 곳이라면, 그곳은 따뜻해지고 밝아지며 투명해져야 합니다.

그러나 우리는 쓰디 쓴 회개의 울림 없이 결단코 그곳에 이를 수 없습니다. 오늘 말씀이 예수님의 입에서 새어 나온 큰 탄식임을 잊었습니까? "이 불이 이미 붙었으면 내가 무엇을 원하리요."

1928년 6월 3일, 바르셀로나, DBW 10, pp. 474-477.

비판보다 큰 것

비판을 받지 아니하려거든 비판하지 말라. —마 7:1

언제든 우리 마음이 이와 같은(앞장 '성령의 불'에서 나눈 바와 같은) 인식으로 불타오르면, 오늘 말씀은 비판해서는 안 된다는 엄한 명령으로 들리지 않을 것입니다. 이 말씀은 우리가 엄청난 곤경과 죄 속에서도 서로를 비판할 필요가 없으며 사랑할 수 있다는 사실을 알려 줍니다. 바리새인들처럼 자신을 따로 구별할 필요가 없다는 것입니다. 우리는 어떠한 곤경이나 곤궁 속으로도 들어갈 수 있고, 죄인들 속에서 돕고 사랑하며 긍휼히 여길 수 있다는 것입니다. 대도시의 곤궁과 부도덕함을 보며 마음 아파하고, 무산자와 실패자들에게 가까이 다가갈 수 있다는 것입니다. 우리는 이러한 선물을 하나님과 그분의 사랑을 통해 받았습니다.

예수님께서 친히 "나는 세상을 심판하러 온 것이 아니라"고 말씀하셨습니다. 예수님은 일생 사랑하며 사셨습니다. 그것이 그분의 행복이자 축복이었습니다. 그렇다면 우리의 행복과 축복이 비판으로 변해 버려도 되겠습니까? 이제 우리가 사랑할 수 있다는 사실에 대해, 예수님을 닮아가는 삶을 살수 있다는 사실에 대해 하나님께 감사드립시다. 그들이 다름 아닌 하나님의 자녀이므로 서로 믿어도 된다는 사실에 대해, 그리고 사랑 안에서 서로 감당할 수 있다는 사실에 대해 하나님께 감사드립시다. 사랑은 참고 인내하며, 모든 것을 믿으며, 모든 것을 바라며, 모든 것을 견디어 내기 때문입니다.

하나님은 예수 그리스도 안에서 사람을 사랑하셨습니다. 우리가 아직 죄인되었을 때 하나님의 자녀로 삼아 주셨습니다. 그러니 우리도 실수와 잘못이 보일지라도 우리 이웃 속에서 하나님의 자녀된 모습을 보며 사랑합시다. 비판은 모든 공동체를 파괴합니다. 오직 사랑하고 용서하며 서로를 위해 기도할 때, 우리는 공동체를 세우고 유익을 끼칠 수 있습니다. 깊은 용서와 비판하지 않는 사랑이 없다면, 결코 결혼도 우정도 지속되지 못합니다.

다른 사람들을 비판하기를 멈추지 않고서는 민족 공동체도 존립할 수 없습니다. 다른 계층을 향한 비판에 종지부를 찍지 않는다면 계층간의 미움은 끝나지 않을 것입니다. 비판은 교만과 자기의를 조장하며, 교만은 단절과 소외, 원수됨을 조장합니다. 그와 반대로 사랑은 겸손과 하나님의 긍휼을 신뢰함으로 나아가게 하며, 겸손은 하나됨과 우정이라는 결실을 맺습니다. 왜냐하면 이것은 하나님에게서 오는 것이기 때문입니다.

우리는 날마다 비판하게 되고 완악해져 타인에 대해 불쌍히 여기지 않는 말을 하게 될 상황과 마주할 것입니다. 이러한 비판의 길에서 벗어나 하나님의 사랑의 길을 발견할 수 있기를 기도합니다. 그리고 그분의 거룩하심 앞에서 우리 자신의 비참함과 가련함을 깨닫고, 하나님 앞에서 작아지며 그분의 사랑의 능력이 우리 안에서 힘을 얻어 공동체의 축복이 되게 하시길 기도합니다. 하나님께서 우리를 돌 같은 마음에서 건지시고, 비참한 죄 속에 거하는 사람들에 대한 사랑으로 심장이 뛰는 부드러운 마음을 주시길 기도합니다.

1928년 6월 24일, 바르셀로나, DBW 10, pp. 477-479.

이 사랑

(사랑은…) 모든 것을 참으며 모든 것을 믿으며 모든 것을 바라며 모든 것을 견디느니라. —고전 13:7

사랑은 불의를 기뻐하지 않고 진리와 함께 기뻐합니다. 사랑은 사물의 진위를 직시하기를 원합니다. 사랑은 증오나 불의, 거짓을 분명하게 보려고 합니다. 사랑은 분명한 입장을 취하고 보기를 원하며 진리와 함께 기뻐합니다. 오직 진리 안에서만 항상 새롭게 사랑할 수 있기 때문입니다.

사랑은 모든 것을 견딥니다. 어떠한 잘못이나 범죄, 어떠한 재앙이나 악덕도 사랑이 눈을 돌려 버리고 감당하지 못할 만큼 무겁지 않습니다. 사랑은 가장 큰 죄악보다 더 크다는 사실을 우리는 분명히 압니다. 사랑은 모든 것을 믿습니다. 바보 취급을 받으며 속고 기만당하더라도 믿음을 버리지 않습니다. 사랑은 모든 것을 바랍니다. 사랑은 그 누구도 포기하지 않습니다. 사랑은 길을 잃고 방황하던 그 사람이 언젠가는 돌아와서 그동안 애써 부인하며 잊어버리려 했던, 금이 가고 깨어진 사랑을 회복하고 치유된 모습으로 다시 서게 되기를 바랍니다. 사랑 없이 모든 것을 믿는 것은 경솔하고 어리석은 낙관주의에 불과합니다. 그러나 사랑으로 모든 것을 바라는 것은, 민족이나 교회를 다시 일어서게 하는 힘이 됩니다. 이처럼 아무 조건 없이 바라며, 우리가 가진 사랑의 소망으로 타인에게 힘이 되어 주는 것, 이것이 바로 우리가 해야 할 일입니다.

그러나 사랑하는 대상을 다시 일으켜 세우고 돕기 위해 모든 것을 믿고 모든 것을 바라는 사람은 고난당하고 참으며 견뎌야 합니다. 세상은 그를 바보로 여길 것입니다. 그가 바보 같은 모습으로 악에 도전하기 때문에 사람들은 어쩌면 그를 위험하기 짝이 없는 바보라고 생각할지도 모릅니다. 그러나 악이 빛 가운데로 나오는 순간, 그의 바보 같은 모습은 마침내 사랑받게 될 것입니다. 참고 견디지 않아도 되는 사랑은 약합니다. 그러나 모든 것을 참고 견디는 사랑은 승리를 얻습니다.

이 사랑은 누구입니까? 십자가를 지기까지 모든 것을 감당하고 모든 것을 믿으며 모든 것을 바라고 모든 것을 참아 견디어야 했던 분 아니겠습니까? 어떠한 경우에도 자기 유익을 구하지 않았고 격분하지 않았으며 악을 악으로 갚지 않았고, 그로 인해 악에게 정복당하기까지 했던 분 아니겠습니까? 그러나 그분은 십자가에서도 원수를 위해 기도하셨으며(눅 23:34), 그 용서의 기도로 악을 이기고 완전히 승리하셨습니다. 사랑은 예수 그리스도 그분이 아니면 누구겠습니까? 십자가 외에 어떤 다른 표적이 있을 수 있겠습니까?

1934년 10월 21일, 런던, DBW 13, pp. 390-393.

베를린으로 옮겨 학업을 계속하던 본회퍼에게 교역자로서 사역할 첫 번째 기회가 찾아왔다. 본회퍼는 베를린의 그루네발트 지역의 독일 복음주의 교회에서 어린이 프로그램을 체계화하는 과제를 받았다. 그는 아이들과 함께하기를 즐겼고 중요하게 생각하여 그 일에 몰두했다. 어린이가 쉽게 이해할 수 있도록 설명할 수 없는 신학적 개념들은 무가치하다고 친구에게 말하기도 했다. 목요일 밤에는 청소년들을 위한 모임도 만들었다. 거기서 교육을 잘 받은 고등학생들은 당시의 문화적 문제들과 함께 다양한 종교적, 윤리적, 정치적 개념들에 대해 토론했다. 본회퍼는 이 청소년들이 종교적 믿음이라는 가장 어려운 주제들을 다룰 수 있을 뿐 아니라 그의 기대에 맞게 생활하고 있다고 생각했다. 그들 앞에는 히틀러 시대 동안 모든 독일인들이 결단해야 하는 어려운 도덕적 결정이 놓여 있었다. 그것은 나치에 가담하여 나치의 박해를 방관하고 허용하거나, 아니면 히틀러에게 저항하고 유대인들을 돕는 것, 그리하여 죽음을 무릅쓰는 것이었다. 안타깝게도 그 모임에 속한 청소년들 대부분은 전사하거나 제2차 세계대전 중에 수용소에서 목숨을 잃었다. ▲ 1932년 견신례를 준비 중인 시온교회 학생들과 주말 나들이를 나온 본회퍼

주간묵상

그리스도인과 이방인

사람들은 고난을 당하면 하나님께 나아가서
그분의 도움을 간청하며 행복과 빵을 달라고,
질병과 죄, 죽음에서 구원해 달라고 간구합니다.
그리스도인이나 이방인이나 모두들 그렇게 하지요.

사람들은 고난당하시는 하나님께 나아가서
거할 곳도 먹을 빵도 없이
가난과 멸시 속에 있는 그분을 발견하며,
죄와 연약함, 죽음에 삼킨 바 된 그분을 바라봅니다.
그리스도인은 고통당하시는 그분 곁에 머물지요.

하나님은 고난 속에 있는 모든 사람에게 찾아가시어,
그분의 빵으로 육체와 영혼을 배불리 먹이시며,
그리스도인과 이방인을 위해 십자가 죽음을 당하십니다.
그리고 그들 모두를 용서하시지요.

1944년 7월 8일자 편지, 옥중시, *Widerstand und Ergebung*, p. 188.

시간에서 영원으로

그런즉 믿음, 소망, 사랑, 이 세 가지는 항상 있을 것인데
그중의 제일은 사랑이라. —고전 13:13

믿음이란 무엇입니까? 믿음이란 오직 하나님이 행하신 일, 그리고 지금도 행하고 계신 그 일을 믿으며 산다는 말입니다. 하나님이 행하신 그 놀라운 일은 세상에 드러나지 않고 숨겨져 있습니다. 하나님이 세상에 행하신 놀라운 일은 골고다의 십자가입니다. 골고다의 십자가가 바로 '하나님의 승리'입니다. 믿음의 삶이란 '인간은 보이지 않는 것을 의지하여 살아가야 한다'는 진리 안에 거하는 것입니다. 참된 믿음은 보이는 업적이 아니라 보이지 않는 하나님의 놀라운 은혜에 의지하여 사는 것입니다. 참된 믿음은 오류를 직시하지만 진리를 믿고, 죄를 직시하지만 용서를 믿는 것입니다. 참된 믿음은 아무것도 안 보일지라도 하나님이 행하신 놀라운 은혜를 믿는 것입니다.

보이지 않는 것을 이미 보는 것같이 믿는 믿음은 당연히 그 믿음대로 성취될 날을 소망하지 않겠습니까? 소망이 없는 믿음은 병든 것입니다. 이것은 배고픈 아이가 먹으려 하지 않고, 피곤한 사람이 잠자려 하지 않는 것과 같습니다. 그러므로 믿는다면 소망하는 것은 너무나 당연한 이치입니다. 소망하는 것, 한없이 소망하는 것은 부끄러운 일이 아닙니다.

언젠가 하나님을 보게 되리라는 소망 없이 누가 하나님에 대해 말하려 하겠습니까? 언젠가 영원한 평화와 사랑을 누리게 되리라는 소망 없이 누가 평화를 말하며 사랑을 말하려 하겠습니까? 언젠가 우리는 소망 때문이 아니라 우리의 소망 없음으로 인해 부끄러워하게 될 것입니다. 하나님을 신뢰하지 않고, 우리의 눈앞에 하나님의 약속이 있음에도 불구하고 거짓 겸손으로 하나님의 약속을 손 뻗어 잡으려 하지 않고, 도리어 절망감에 싸여 하나님의 영원한 권세와 영광을 바라며 기뻐할 수 없는 초라하고 소망 없는 모습으로 인해 부끄러워하게 될 것입니다.

소망은 우리로 하여금 부끄러움을 당하게 하지 않습니다 (롬 5:5). 원대한 소망을 품은 사람은 그 소망과 함께 위대해집니다. 사람은 자신이 품은 소망과 함께 자랍니다. 오직 하나님과 그분의 유일한 권세에 소망을 둘 때, 사람은 자신이 품은 소망과 더불어 자라게 됩니다.

믿음과 소망은 영원합니다. 믿음과 소망 없이는 사랑도 없습니다. 믿음이 없는 사랑은 전류가 끊어진 전선과 같습니다. 이 말은 그리스도 없이도 사랑을 소유할 수 있다는 말과 같습니다. 우리는 오직 믿음으로 의롭게 되며 사랑으로 완전해집니다. 믿음과 소망은 사랑의 형상으로 변형되어 영원으로 들어갑니다. 모든 것이 사랑 안에서 완성됩니다. 이 세상에서 완성된 사랑의 표적은 십자가입니다. 완전한 사랑이 이 세상에서 걸어가야 하는 길, 항상 새롭게 걸어가야 할 길은 바로 십자가입니다.

1934년 11월 4일 종교개혁 기념 주일, 런던, DBW 13, pp. 400-403.

디트리히가 그리스도의 가르침에 전적으로 헌신한 삶을 살게 된 것은 스물다섯 살 때 미국에서 귀국한 이후였다. 그는 교회예배에 정기적으로 참석했고 매일 성경 말씀을 묵상했으며 일상의 한 부분으로서 기도와 신앙고백을 계속했다. 그는 자신의 학생들이 평화주의를 받아들이도록 촉구했고, 그리스도인이 어떻게 행동해야 할지 보여 주는 청사진으로 산상수훈을 자주 인용했다. 그는 1931년과 1932년 사이에 일어난 신앙의 변화를 이렇게 술회했다. "당시에 나는 예수 그리스도의 가르침을 내게 개인적 이익을 주는 말씀으로만 간주했다. 게다가 당시에는 도무지 기도하지 않았다. 어쩌다 기도를 해도 아주 짧게 했다. 혼자 있을 때에는 나 자신에게 도취되어 즐거워하기도 했다. 그런데 성경, 특히 산상수훈이 나를 그런 상태에서 해방시켜 주었다. 그때 나의 모든 것이 변했다. 그것은 굉장한 해방이었다. 교회가 예수 그리스도의 종으로 살아야 한다는 것이 분명해졌다. 그리고 어느 정도까지 그렇게 살아야 하는지 점차 분명해져 갔다." ▲ 1935년 칭그스트의 첫 번째 신학교 교정에 선 디트리히

인자하심과 책임

주의 인자하심이 생명보다 나으므로
내 입술이 주를 찬양할 것이라. —시 63:3

종교가 인간을 행복하고 조화롭게 하며, 고요하고 만족스럽게 한다는 말을 종종 듣습니다. 그러나 하나님에 대해, 다시 말해서 살아 계신 하나님에 대해 이런 말을 하는 것은 옳지 않으며 근본적으로 틀렸습니다.

우리에게 생명은 무엇입니까? 우리가 보고 만지며 듣고 맛보며 느끼는 모든 것, 우리를 둘러싸고 있는 모든 것입니다. 우리에게 속해 있고, 우리에게 익숙하며, 우리가 사랑하는 것입니다. 그러면 하나님의 인자하심은 무엇입니까? 우리가 보지 못하고, 만지지 못하며, 이해하지 못하는 모든 것이고, 거의 믿을 수조차 없는 것입니다. 한마디로 우리가 소유하고 있지 않은 것이며, 소유할 가능성이 전연 없어 보이는 것들입니다. 누가 이 둘 사이에서 감히 선택할 엄두를 내겠습니까? 하나님이 친히 개입하여 승리하실 때에야 비로소 우리는 인간적으로는 도무지 불가능한 말을 시편 기자의 입을 통해 듣게 됩니다. "하나님이여 주는 나의 하나님이시라 … 주의 인자하심이 생명보다 나으므로 내 입술이 주를 찬양할 것이라."

우리가 저녁에 잘 차려진 식탁에 앉아서 하나님의 인자하심을 기억한다면 이상한 느낌이 들 것입니다. 우선 우리에게 이 식탁이 선사되었다는 사실이 이해하기 어려울 정도로 벅차게 느껴질 것입니다. 한 도시에 살면서 굶주리는 다른 형제들과 비교하여 우리가 이런 식탁을 누릴 이유가 전혀 없음을 생각하게 될 것입니다. 그런데 우리가 헤아릴 수 없이 큰 하나님의 은혜와 이웃의 곤궁을 직시하며 온전히 겸허해지고, 하나님의 인자하심이 우리에게 부여한 엄청난 책임을 깨닫는 대신에, 우리 자신만 바라본다면 어떻게 되겠습니까?

하나님이 주신 재물을 그분의 인자하심이라 여기고 싶다면, 그 재물을 형제에 대한 책임으로 이해해야 합니다. 그 누구도 하나님이 돈과 재물로 나를 축복하셨다고 말하면서, 이 세상에 자신과 선하신 하나님만 존재하는 듯한 자세로 살아서는 안 됩니다. 만약 그렇게 산다면, 그가 행복이라는 우상과 자신의 이기심을 경배하며 살았음을 뼈저리게 후회할 날이

올 것입니다. 우리의 소유는 축복이나 하나님의 인자하심이 아니라 책임입니다.

이제 우리는 하나님의 인자하심을 더 깊이 이해하게 되었습니다. 하나님께 책임을 받은 사람은 자신이 두 세계 사이에 서게 되었음을 깨달아야 합니다. 즉 하나님의 세계와 이웃의 세계 사이에 서 있는 것입니다. 하나님은 이웃 속에서 그를 만나고자 하십니다. 그에게는 이웃의 영혼과 육체의 곤궁을 돌볼 책임이 있습니다. 하나님의 인자하심이란, 단지 우리가 받은 것을 소유하고 이전과 똑같은 모습으로 계속 살아가는 것이 아닙니다. 좀 더 행복하고 부유하지만 본질적으로는 아무런 변화 없이 사는 삶이 아닙니다. 하나님의 인자하심은 늘 새롭게 우리에게 책임을 부여하며, 죄로 인해 우리는 하나님 앞으로 나아가게 됩니다.

1931년 10월 4일, 베를린, DBW 11, pp. 378-382.

그리스도의 심판대

이는 우리가 다 반드시 그리스도의 심판대 앞에 나타나게 되어 각각 선악 간에 그 몸으로 행한 것을 따라 받으려 함이라. —고후 5:10

우리의 전 인생이 생명책에 펼쳐져 보이게 되리라는 사실을 생각하면 두렵습니다. 하나님의 계명에 대적하여 말하고 행했던 모든 일이 우리 눈앞에 펼쳐질 때, 그리스도 앞에서 우리 자신을 변명할 말이 없다는 사실은 생각만 해도 두려운 일입니다.

그러나 성경은 우리에게 두려움을 주려고 기록된 것이 아닙니다. 하나님은 인간이 두려워 떠는 것을 원하지 않으시며 최후의 심판 앞에서도 마찬가지입니다. 다만 하나님은 삶이 무엇인지, 삶의 의미가 무엇인지 인간이 깨닫기를 원하실 뿐입니다. 하나님께서 우리에게 심판을 알게 하시는 것은, 우리가 예수 그리스도에게로 가는 길을 찾게 하기 위해서입니다.

그리하여 악한 길에서 돌이켜 예수 그리스도를 만나게 하려는 것입니다. 하나님께서 심판의 말씀을 주신 것은 우리를 놀라게 하기 위해서가 아닙니다. 우리가 더욱 열정적으로 하나님 은혜의 약속을 붙들고자 갈망하도록 하기 위해서입니다. 그리하여 자신의 힘으로는 도저히 하나님 앞에 설 수 없으며 멸망할 수밖에 없는 존재임을 깨닫고, 그럼에도 불구하고 우리의 사망이 아니라 삶을 원하시는 하나님의 마음을 알게 하려는 것입니다.

그리스도께서 심판하십니다. 이것은 참으로 중요하고 심오한 진리입니다. 그리스도께서 심판하신다는 말은 긍휼의 주님이 심판하신다는 의미이기도 합니다. 그분은 세리와 죄인들 가운데 거하시고, 우리와 똑같이 시험을 받으셨으며, 우리의 고통과 두려움, 소원을 자기 몸에 짊어지고 고난받으셨습니다(히 4:15). 우리를 아시고 우리 이름을 부르셨습니다(사 43:1). 그리스도께서 심판하신다는 말은 은혜가, 용서와 사랑이 심판자라는 의미입니다. 누구든지 예수님의 은혜와 용서, 사랑을 받아들이는 자는 이미 죄사함을 받았다는 말입니다. 자기 행위를 의지하는 자는 그리스도께서 그의 행위대로 심판하고 판결하실 것입니다. 그러나 우리는 심판의 날에 기뻐할 것입니다. 그날에 우리는 두려워 떠는 것이 아니라 그분의 손에 기껴이 우리 자신을 맡길 것입니다. 그날에 우리는 긍휼의 주님을 뵙고, 그분의 손을 잡을 것입니다. 주님이 우리를 사랑하시기 때문입니다.

그러면 마지막 날에 그리스도께서 우리에게 물으실 '선과 악'은 무엇입니까? 선이란 그 무엇도 아닌, 우리가 하나님의 은혜를 구하며 그 은혜를 붙잡는 것입니다. 악이란 두려움이며, 스스로의 힘으로 하나님 앞에 서고자 하는 것입니다. 회개한다는 것은 자기 행위에 의지하여 서 있던 자리에서 돌이켜 하나님의 긍휼로 돌아오는 것입니다. "돌아오라, 돌아오라!" 이것이 성경 전체를 통해 우리를 부르며 외치시는 말씀입니다. 그런데 어디로 돌아와야 합니까? 자기 피조물을 그 무엇보다 사랑하시는 하나님께로 돌아와야 합니다. 우리를 버리지 않으시고 애타는 마음으로 부르고 계신 영원한 하나님의 은혜로 돌아와야 합니다. 긍휼의 주님이시기에 우리는 마지막 심판의 날을 기꺼이 맞을 수 있습니다. 주 예수님, 우리로 하여금 준비되어 있게 하소서. 그날을 기뻐하며 기다립니다. 아멘.

1933년 11월 19일, 런던, DBW 13, pp. 323-325.

대언자 그리스도

여호와께서 사탄에게 이르시되 사탄아 여호와께서 너를 책망하노라
예루살렘을 택한 여호와께서 너를 책망하노라
이는 불에서 꺼낸 그슬린 나무가 아니냐 하실 때에. ─슥 3:2

여호수아는 회중이 모인 성전에서 날마다 볼 수 있는 사람이었습니다. 바벨론에서 포로생활을 마치고 돌아온 모든 사람은 여호수아가 유대인 회중의 지도자임을 알고 있었습니다. 원수가 함몰시킨 성전, 하나님의 황폐한 교회를 다시 일으켜 세우기 위해 여호수아가 온 힘을 쏟았으며, 결국 하나님의 성전과 예배를 다시 회복한 사실을 알고 있었습니다. 대제사장 여호수아는 하나님께서 택하여 백성 앞에 세우신 사람이었습니다. 그는 백성을 위해 희생 제사를 드렸고, 하나님 앞에 기도로 나아갔습니다. 그는 백성에게 경고와 위로, 격려를 전하는 하나님의 사람이었습니다.

그런데 오늘 말씀에는 사탄이 대제사장 여호수아 옆에 서

있다고 말합니다. 사탄은 단순히 값진 노획물을 사취하려고 그 자리에 겁없이 서 있는 것이 아닙니다. 고소자로 서 있는 것입니다. 사탄은 끔찍한 말로 그를 대적했으며, 세상에서는 숨겨진 일을 빛 가운데 드러냈습니다. 모든 것을 백일하에 드러내어 대제사장 여호수아를 죄인으로 만들고 불의한 자로 만들었습니다. 다른 모든 사람과 마찬가지로 대제사장 여호수아도 구원받을 자격이 없는 절망적인 죄인이었습니다. 과연 여호수아는 자신을 방어할 수 있을까요? 아닙니다. 그 시간에는 어떤 사람도 단 한마디도 할 수 없으며, 자기 방어란 있을 수 없습니다. 그 자리에서 말할 수 있는 이는 오직 사탄과 영원하신 우리의 대언자 그리스도뿐입니다. 그들의 말에 판결이 달려 있습니다. 여호수아는 벙어리처럼 아무 말도 할 수 없었습니다. 그러나 주 그리스도께서 말씀하셨습니다. "네가 이 사람에게 아무 권리가 없다는 사실을 모르느냐"라며 사탄을 책망하셨습니다. 감히 대제사장을 공격하다니, 규칙을 이렇게 모르느냐고 책망하셨습니다.

여호수아가 대제사장으로 섬기는 예루살렘은 모든 신실하지 못함과 연약함, 죄악에도 불구하고 하나님의 도성이며 교회입니다. 하나님께서 택하신 것에 대해 사탄은 아무 권리가 없습니다. 하나님께서 교회를 인정하시는 자리에서 사탄은 교회의 모든 죄에도 불구하고 교회를 고소할 권리가 없습니다.

하나님의 선택은 사탄의 고소보다 강합니다. 활활 타는 불에서 끄집어낸 막대기는 하나님께서 사랑하여 구별하신 것입니다. 영원한 형벌에 내어 주지 않고 끄집어내어 구원하신 것입니다. 하나님께서 누군가를 '구원했다'고 말씀하시면, 사탄은 더 이상 그 사람에게 아무 권리도 행사할 수 없습니다. 대제사장 여호수아가 사탄에게 고소당하는 자리에서, 주님은 그를 '선택했으며 구원했다'고 변호해 주십니다.

1935년 7월 21일, 핑켄발데, DBW 14, pp. 862-864.

1933년 1월 30일 히틀러가 총통으로 임명되었다. 2월 2일, 독일 정부는 야외집회와 시위행진을 금지하는 첫 비상령을 발동했고, 이것을 통해 히틀러와 그의 정부를 반대하는 모든 시위를 차단했다. 나치에 반대하는 인쇄물, 포스터나 신문의 배포를 금지했고 이를 배포하거나 배포행위를 알면서도 신고하지 않는 사람들은 체포될 수 있었다. 1933년 10월까지 개인의 권리와 민주주의를 압제하는 법들이 집행된 결과로 600명 이상의 사람들이 처형당했고, 2만6천 명이 넘는 사람들이 체포되었다. 본회퍼는 2월에 행한 설교에서 이렇게 말했다. "강해지려 하지 마십시오. 권력을 가지려 하지 마십시오. 영광을 받으려 하지 마십시오. 존경을 받으려 하지 마십시오. 오직 하나님 한 분만이 여러분의 힘, 여러분의 명성, 여러분의 영예가 되게 하십시오." ▲ 1932년경 발트 해변에서 친구와 함께(오른쪽이 본회퍼)

하나님의 길

그들이 떠난 후에 주의 사자가 요셉에게 현몽하여 이르되 헤롯이 아기를 찾아 죽이려 하니 일어나 아기와 그의 어머니를 데리고 애굽으로 피하여 내가 네게 이르기까지 거기 있으라 하시니. —마 2:13

하나님은 아기 예수가 애굽으로 피하기를 원하셨습니다. 이를 통해서 예수님의 길이 처음부터 박해의 길임을 보이셨습니다. 그와 동시에 하나님은 예수님을 보호하실 수 있으며, 하나님께서 허락하지 않는 한 예수님께 아무 일도 일어날 수 없음을 보이셨습니다. 애굽은 오래전 그분의 백성이 노예로 살며 고난받던 땅이었습니다. 이스라엘 백성은 애굽에서 고난받았고, 예수님의 고난도 애굽에서 시작되었습니다. 하나님은 자기 백성을 애굽 땅에서 이끌어 약속의 땅으로 인도하셨으며, 자기 아들을 다시 애굽 땅에서 이스라엘 땅으로 불러내셨습니다.

　헤롯은 동방 박사들이 고국으로 돌아가는 길에 자기에게

로 와서 예수님이 계신 곳을 알리지 않고, 하나님의 명령을 좇아 다른 길로 갔다는 사실을 알고 분노했습니다. 극한 두려움과 시기심에 휩싸인 헤롯은 베들레헴에 있는 세 살 이하의 아이들을 모조리 죽이라고 명령했습니다. 이렇게 함으로써 신의 아이를 확실히 죽일 수 있을 것이라 생각했습니다. 하지만 그토록 치밀하고 잔인한 살인 계획에도 불구하고 목적을 이루지 못했습니다. 헤롯은 그리스도를 제거하고 싶었지만 그리스도는 살아남으셨고, 무죄한 아이들은 그리스도의 자리에서 그분을 위해 죽은 첫 번째 증인이 되었습니다. 베들레헴의 무죄한 아이들이 그들과 동년배 왕이신 주님의 생명을 보호한 것입니다. 그들은 기독교의 첫 순교자가 되었고, 예수 그리스도 구주의 생명을 위해 목숨을 바친 증인이 되었습니다.

모든 박해는 예수 그리스도를 완전히 제거하는 것을 목적으로 삼고 그분을 죽이려 합니다. 하지만 그리스도에게 추호도 해를 가할 수 없습니다. 그리스도는 살아 계시며, 그리스도와 함께 모든 시대에 걸쳐 목숨을 바친 증인들도 살아 있습니다. 무죄한 아이들이 죽임을 당할 때 온 베들레헴이 그랬듯이, 주 예수 그리스도께서 박해받을 때 큰 고통과 절규, 탄식과 눈물, 흐느낌이 사람들 위에 임합니다. 하나님의 백성이 고난과 환난을 당할 때 한없는 눈물이 흐릅니다.

예수 그리스도의 피 묻은 증인들의 탄식이 높아질 것이며, 그 탄식은 세상 끝날까지 멈추지 않을 것입니다. 그것은 하나님을 떠난 세상에 대한 탄식이며, 그리스도를 적대시하는 세상에 대한 탄식입니다. 무죄한 피에 대한 탄식이며, 예수 그리스도를 고난의 자리로 내몬 우리 자신의 죄와 허물에 대한 탄식입니다. 그러나 위로받을 길 없는 탄식 한가운데서도 큰 위로가 있습니다. 예수 그리스도께서 살아 계시며, 우리가 예수님과 함께 고난받으면 예수님과 함께 살 것이기 때문입니다. 베들레헴의 유아 살인이 너무나도 악하고 잔인한 일이었음에도 불구하고, 결국은 하나님의 약속을 성취하는 데 일조했습니다. 고난과 눈물이 하나님의 백성을 따릅니다. 하나님은 이러한 고난과 눈물을 존귀히 여기십니다. 그리스도를 위해 드린 고난과 눈물을 그리스도께서 영원히 받으시기 때문입니다.

1940년 새해, DBW 15, pp. 494-496.

구원을 갈망하는 삶

이런 일이 되기를 시작하거든 일어나 머리를 들라
너희 속량이 가까웠느니라. —눅 21:28

오늘 말씀은 누구를 향한 것일까요? 자신이 구원받지 못했음을 알고, 압박자의 권세 아래서 강제 노동에 시달리고 있음을 아는 사람입니다. 마치 지하 갱도에 갇힌 사람처럼, 감옥에 갇힌 사람처럼 자유와 진정한 구원을 갈망하며 기다리는 사람입니다. 현재 상태에 만족하며 자신이 갇힌 자임을 깨닫지 못하고 구원받지 못한 모습 그대로 아무 생각 없이 살아가는 사람들은 결코 아닙니다. 여러 가지 실제적인 이유를 들면서 구원에 대해 무관심하고 무감각해진 사람들은 결코 아닙니다. 비록 쉽지도 빠르지도 않지만 그리스도께서 우리에게 오시는 길은 뚫렸고, 우리 마음을 향한 길은 열려 있습니다. 굳어 버린 우리 마음속으로 그리스도께서 들어오기 원하십니다. 굳어 버린 우리 마음을 주님에 대한 순종을 통해 다시 부드럽게 만들고자 하십니다.

오늘 말씀은 우리가 매일 보는 모습과는 다른 무언가가 일어난다고 말하는데, 그 일은 무엇보다도 중요하며 한없이 위대하고 강력합니다. 그리고 그 일이 실제로 일어나는 것을 보라고 말합니다. 깨어서 잠시만 더 기다리라고 합니다. 전혀 새로운 일이 일어날 것을 기대하라는 것입니다. 하나님이 오시며 예수님이 오셔서 우리를 그분의 소유로 취하시면, 우리는 구원을 입은 인간이 됩니다. 그러므로 우리는 일어나서 깨어 기다려야 합니다. 눈을 들어 가까워지는 구원을 맞이하며 기다려야 합니다.

"머리를 들라." 굴복하여 멸시받는 군대여, 용기를 상실한 군대여, 전쟁에 져서 머리를 떨구고 있는 군대여, 아직 지지 않았으니 "머리를 들라"는 것입니다. 승리가 너희에게 속했으니 용기를 내고 두려워하지 말라고 합니다. 무서워하지 말고 염려하지 말라는 것입니다. 지금 자유와 구원이 가까이 다가오는데, 우리가 머리를 흔들며 의심하거나 외면할 수는 없습니다. 그리스도께서 오시므로 일어나 기다려야 합니다. 두려워하지 말고 머리를 들고 강건해야 합니다.

이제 다시 한 번 문을 두드리는 소리, 전진하는 소리를 들어 보십시오. 우리 속에서 무언가 용솟음치며 솟아오릅니까? 그리스도를 향해 마음 문을 활짝 열어 놓았습니까? 하늘이 땅으로 향하고 땅이 진동하며, 인간은 두려움과 공포, 소망과 기쁨으로 무기력하다는 것이 느껴집니까? 하나님께서 인간에게로 향하며, 우리에게 다가오심이 느껴집니까? 지하 갱도에 갇힌 광부가 구원자의 망치 두드리는 소리 외에 다른 어떤 것에 귀를 기울일 수 있겠습니까? 우리도 예수 그리스도께서 우리 삶 속에서 동일하게 두드리는 망치 소리 외에 다른 무엇이 더 중요하겠습니까? 우리는 예수 그리스도를 향해 떨리는 손을 내미는 일을 결코 멈출 수 없습니다.

1933년 12월 3일, 런던, DBW 13, pp. 333-337.

디트리히의 부모가 스페인을 방문했을 때, 놀랍게도 그는 부모님을 투우장에 모시고 갔다. 본회퍼의 가족들은 언제나 인정이 많던 디트리히가 투우장에 즐겨 간다는 소식을 듣고 모두 충격을 받았다. 어린 시절에 디트리히는 아이들이 모래폭탄을 닭장으로 던져 닭들을 놀라게 하는 것을 보고 그것을 제지한 적이 있었다. 청소년 시절에는 권투 경기의 무자비함을 개탄하기도 했다. 그런데 지금은 투우사가 황소와 결투를 벌이고 황소를 죽이는 광경을 아무 주저함 없이 관람하는 것처럼 보였던 것이다. 하지만 디트리히는 누이 자비네에게 보낸 편지에서 이렇게 썼다. "황소가 한 마리 한 마리 죽을 때마다 우리는 점점 더 빠르게 선정주의와 잔혹함이라는 요소 너머에 무엇이 있는지 분명히 볼 수 있지… 예수님을 보고 '호산나!' 하고 외치던 군중이 돌변하여 '그를 십자가에 못 박으시오!'라고 외친 이유를 나는 도무지 이해할 수 없었어. 그런데 투우사가 황소의 급소를 정확히 찌를 때 정신없이 소리 지르던 군중이 그 투우사에게 불행한 일이 닥치자 즉시 동일하게 정신없이 소리 지르고 휘파람 부는 것을 보고 나서야 그 이유를 생생하게 이해할 수 있었어." ▲ 미국에서 돌아와 독일로 가기 직전 런던에 머물 때 쌍둥이 누이 자비네와 함께 담소를 나누는 디트리히(1939년 7월)

주간묵상

요나

죽음 앞에 아우성치는 사람들
거친 폭풍우에 흠씬 젖은 밧줄에 매달려
공포에 싸인 멍한 눈길로
광란하는 바다를 바라본다.

"선하시고 영원하시며 진노하시는 신들이여,
우리를 도우소서. 숨겨진 죄로 신을 모독한 자,
살인자나 맹세를 저버린 자, 오만한 자를 드러내시어
우리에게 살 길을 보여 주소서.
가련한 자존심을 지키려고
죄를 숨기고 우리에게 불행을 가져온 자!"

그들은 간구했네.
그때 요나가 소리쳤네.

"내가 바로 그 자요!
내가 하나님 앞에 범죄했소. 내 인생은 끝이오.
내 죄 때문이니 나를 던지시오!
하나님이 내게 맹렬하게 진노하신다오.
의인이 죄인과 함께 망할 수는 없소!"

그들은 떨었네.
그러나 힘센 손들이 죄인을 던졌네.
그러자 바다가 잠잠해졌네.

1944년 10월 5일자 편지, 호의적인 간수의 도움으로 비밀리에 전해짐, 옥중시, *Widerstand und Ergebung*, p. 217.

두려움을 지나서

예수께서 이르시되 어찌하여 무서워하느냐 믿음이 작은 자들아 하시고 곧 일어나사 바람과 바다를 꾸짖으시니 아주 잔잔하게 되거늘. —마 8:26

인간은 두려움으로 인해 그 고귀함을 잃어버립니다. 누구든지 두려워하는 자는 이미 그 속에 빠져든 것입니다. 두려움은 악의 그물입니다. 악은 처음에는 우리에게 두려움을 심어 혼란에 빠뜨리고, 그 다음에는 두려움에 복종하게 만듭니다. 두려움이 아니라 용기, 용기입니다. 두려워 떠는 마음으로 어떻게 원수를 대적할 수 있겠습니까? "어찌하여 무서워하느냐 믿음이 작은 자들아." 하나님이 당신의 죄보다 더 크지 않습니까? 하나님이 당신 안에서 강해지도록 하십시오. 그러면 죄를 이길 것입니다.

   우리를 지켜 주던 안전장치가 모두 깨어지고 붕괴될 때가 있습니다. 우리를 지탱해 주던 삶의 버팀목이 하나씩 무너지고 사라지며, 단념하고 체념하는 것을 배워야 할 때가 있습니다. 이 모든 일이 일어나는 유일한 이유는, 하나님께서 우리 삶에 들어오셔서 우리의 유일한 버팀목이요 확신이 되고자 하시기 때문입니다. 우리 인생에 찾아온 재난과 시련의 시간, 높은 파도가 이는 그 시간을 올바로 이해하고자 소망하기 바랍니다. 하나님은 멀리 계시지 않고 가까이 계시며, 우리 하나님은 십자가 안에 계십니다.

십자가는 우리 인생의 모든 거짓 안전이 심판받고, 오직 하나님을 향한 믿음만 똑바로 서게 하는 표적입니다. 믿음은 자기 자신을 의지하는 것이 아닙니다. 잔잔한 바다를 바라보며 믿는 것이 아닙니다. 좋은 상황을 믿거나 자신이나 타인의 힘을 믿는 것이 아니라 오직 하나님만 믿는 것입니다. 폭풍우에도 아랑곳하지 않고 전적으로 하나님만 의지하는 믿음이, 미신이 아닌 유일한 믿음입니다. 그 믿음만이 우리를 다시 두려움으로 이끌지 않고 두려움에서 자유롭게 합니다.

이제 나른 면을 살펴보겠습니다. 그리스도께서 배에 타고 계실 때 폭풍우가 몰아치기 시작합니다. 세상이 악한 권세를 총동원하여 그리스도와 제자들을 없애려고 하는 것입니다. 세상은 그들에게 격분하고 그들을 미워합니다. 그리스도인은 이 사실을 알아야 합니다. 세상에서 그리스도인만큼 많은 공포와 두려움을 겪는 사람은 없습니다. 이 사실로 인해 놀랄 필요는 없습니다. 그리스도께서 십자가에 못 박히셨으며, 어떤 그리스도인도 십자가에 못 박히지 않고는 생명으로 갈 수 없기 때문입니다. 그리스도인은 그리스도와 함께 고난을 받으며, 그 고난을 통과하게 될 것입니다. 그러나 그는 항상 자신과 함께 배에 타고 계신 그리스도를 볼 것입니다. 그리스도께서 일어나 바다를 꾸짖어 잔잔케 하시는 것을 볼 것입니다.

두려움이 떠나갈 수밖에 없는 사람, 인간의 삶 속에 있는 두려움을 극복한 사람, 두려움을 무장해제시키는 이 사람은 도대체 누구입니까? 그러나 이 질문과 동시에 우리는 이미 그분 앞에 무릎을 꿇고 경배할 것입니다. 그리고 기적과 경이로 가득한 그분을 가리키며 고백할 것입니다. "이분은 하나님이시다!" 아멘.

1933년 1월 15일, 베를린, DBW 12, pp. 439-447.

베를린 대학교 교수로 재직하던 때 본회퍼는 국외자로 취급받았다. 교수들은 본회퍼의 신학과 연소함 때문에 그를 받아들이지 않았고, 일부 학생들은 그의 정치적 견해를 들어 그를 기피했다. 히틀러가 독일의 재무장을 준비하던 시기에 본회퍼가 공개적으로 나치당에 반대하는 발언을 했다. 그 때문에 본회퍼 주변에 모인 학생들의 중심 성향은 반(反) 나치적이었다. 또한 그들 가운데 많은 수가 1936년에 핑켄발데에서 문을 연 본회퍼의 불법 신학교의 학생들이 되었다. ▲핑켄발데 신학교 학생들과 함께

구원자의 이름

그의 이름은 기묘자라, 모사라, 전능하신 하나님이라,
영존하시는 아버지라, 평강의 왕이라 할 것임이라. —사 9:6

하나님의 영원한 섭리 안에서 아기 구주가 탄생했습니다. 하나님은 자기 아들을 인간의 몸을 입은 아기로 우리에게 주셨습니다. 하나님이 인간이 되셨고, 말씀이 육신이 되어 우리 가운데 거하신 것입니다(요 1:14). 이 아기의 이름은 '기묘자 모사'입니다. 이 아기 안에서 기적 중의 기적이 일어납니다. 이것은 우리를 향한 하나님의 사랑의 기적이며, 이 사랑으로 우리를 얻고 구원하는 것은 깊이를 헤아리기 어려울 정도로 지혜로운 모사입니다.

이 아기의 이름은 '전능하신 하나님'입니다. 구유에 누이신 아기는 다름 아닌 하나님 자신입니다. '하나님이 아기가 되셨다'는 것보다 더 크고 놀라운 일은 없을 것입니다. 마리아의 아기 예수 안에 전능하신 하나님이 살아 계십니다. 잠시 동안 조용히 생각해 보십시오! 아무 말도 하지 말고 이 말씀 앞에 머무르십시오. 하나님이 아기가 되셨습니다! 우리처럼 가난해졌고, 우리처럼 비참하고 무력해졌으며, 우리처럼 육체와 피를 가진 인간이 되셨고, 우리의 형제가 되셨습니다.

그럼에도 불구하고 그분은 하나님이며 능력의 주님입니다. 어디에 하나님의 신성이 있으며, 어디에 이 아기의 능력이 있을까요? 우리와 똑같이 되신 신적인 사랑 안에 있습니다. 구유에 누이신 비참함이 그분의 능력입니다. 사랑의 능력으로 하나님과 인간 사이를 가로막고 있던 갈라진 틈을 극복하고, 죄와 죽음을 이기고, 죄를 사하고, 죽음에서 다시 살리는 것입니다. 초라한 구유에 누인 가난한 아기 앞에 무릎을 꿇고, 믿음으로 선지자가 더듬거리며 하는 말을 따라해 보십시오. "전능하신 하나님!" 그러면 이 아기가 당신의 하나님이 되고, 당신의 능력이 될 것입니다.

'영존하시는 아버지'가 어떻게 한 아기의 이름이 될 수 있을까요? 이 아기 안에서 하나님의 영원하신 아버지 사랑이 드러나며, 아기는 오직 아버지의 사랑을 세상에 나타내기를 원하기 때문입니다. 시간 속으로 들어와 태어난 아기는 이 세상에 영원을 가져왔습니다. '평강의 왕'이신 하나님께서 사랑으로 인간에게 오셔서 하나가 되는 곳에 하나님과 인간, 인간과 인간 사이에 평화가 이루어집니다. 하나님의 진노 앞에서 두려워 떠는 사람이 있다면, 구유에 누이신 아기에게로 가서 하나님의 평화를 선물로 받으십시오. 형제와 다투고 미워하는 마음에 빠져 있다면, 하나님께서 얼마나 순전한 사랑으로 우리 형제가 되셨는지, 그리고 우리 모두 화목하기를 원하시는지 보십시오. 폭력이 난무하는 세상에서 이 아기는 평강의 왕이십니다. 진실로 예수님께서 우리 인생의 주님이 되신 곳에 평화가 임한다는 사실 자체가 기적이 아닙니까? 온 땅에 오직 하나의 그리스도의 세계가 있으며, 그리스도의 세계가 이세상 한복판에서 평화를 이룬다는 것이 기적이 아닙니까? 예수님의 통치를 거부하는 곳에는 인간적인 완고함과 반항, 미움과 욕심이 끊임없이 살아서 꿈틀거립니다. 그곳에는 평화가 없습니다. 예수님은 평화의 나라를 폭력으로 세우려 하지 않습니다. 사람들이 자발적으로 순종하며 그분의 다스림을 받고자 하는 곳에 놀라운 평화를 선물로 주십니다.

1940년 성탄절에 전한 설교로 추측됨, DBW 16, pp. 636-639.

오직 은혜

만일 은혜로 된 것이면 행위로 말미암지 않음이니
그렇지 않으면 은혜가 은혜 되지 못하느니라. —롬 11:6

인간이라면 누구나 자신의 영혼을 불안하게 하며, 영원하고 무한한 것을 찾아가게 만드는 무언가를 품고 있습니다. 영원하고 무한한 것이 있다는 생각은 허무한 자기 존재에 대해 두려움을 갖게 합니다. 영혼은 자기 자신을 초월하여 무한한 것에 다가가기를 원합니다. 이러한 영혼의 불안에서 놀라운 철학이나 예술 작품이 싹트고 자라납니다. 종교는 이러한 마음의 불안과 초조함에서 나온 가장 웅장하면서도 사랑스러운 시도라고 할 수 있습니다. 인간은 어두움, 불안, 수수께끼와 같은 곤경, 시간의 덧없음에서 빛, 기쁨, 영원으로 가는 길을 찾아낸 것입니다. 어쩌면 인간은 영혼의 꽃을 바라보며 자부심을 느껴도 될 것입니다. 만약 하나님은 하나님이시고, 은혜는 은혜라는 한 가지 사실만 존재하지 않는다면 그렇습니다.

그러나 인간은 가장 영적이라는 영성 속에서도 단지 인간일 뿐입니다. 다시 말해서 종교 생활을 하더라도 인간은 인간이며 죄인입니다. 종교 역시 육체의 일부입니다. 즉 행복과 축복, 쾌락에 이르고 싶어 하는 욕망의 표출이며, 자아를 추구하는 열망일 뿐입니다. 인간은 그 모습 그대로 하나님의 심판 아래 놓여 있습니다. 오직 한 가지 길이 있다면, 하나님께서 인간을 찾아와 은혜를 베푸시는 것입니다. 하나님께서 영원으로부터 시간 속으로 들어오시는 길, 예수 그리스도의 길이 있을 뿐입니다. 이 길은 인간의 방법에 회의를 느끼는 세상 한복판에서 강력하게 울려 퍼지는 참으로 모순처럼 보이는 메시지입니다. 종교가 아니라 계시와 은혜입니다. 이것이 온 세상을 향해 활짝 열려 있는 구원의 말씀입니다.

우리는 지금 하나님께서 인류 역사에 초월적으로 역사하신 성 금요일과 부활절을 앞두고 있습니다. 하나님은 그분의 심판과 은혜를 부활 주간에 온 세상에 밝히 보여 주셨습니다.

주 예수 그리스도께서 십자가에 달리신 심판의 시간은 사망을 이긴 은혜의 시간이었습니다. 이 자리에서 인간이 행한 일이라고는 아무것도 없습니다. 오직 하나님께서 홀로 행하셨습니다. 하나님께서 무한한 사랑으로 인간을 찾아와 인간적인 것을 심판하셨고, 인간의 행위와는 상관없이 은혜를 베푸셨습니다.

노령의 마르틴 루터가 마지막 숨을 거둘 때, 그의 책상에는 죽음을 앞두고 쓴 쪽지가 놓여 있었습니다. "우리는 영적으로 거지다." 인간이 존재하는 한 이 사실은 변함없습니다. 우리 영혼의 왕이시며, 모든 생명과 은혜의 주 하나님께서 우리의 소망과 삶이 오직 그분의 은혜에 달려 있음을 깨닫게 해주시길 바랍니다. 행함도 그분의 것이며, 길도 그분의 것입니다. 은혜도 그분의 것이며, 영혼도 그분의 것입니다. 우리의 섬김도 그분의 것이며, 우리의 삶도 그분의 것입니다. 피조물 위의 모든 영광은 오직 그분의 것입니다.

1928년 3월 11일, 바르셀로나, DBW 10, pp. 456-460.

1930년 9월 14일에 치러진 선거에서 나치당은 640만 표를 획득하면서 독일의 주류세력으로 급부상했다. 히틀러는 더 많은 지지를 얻기 위해 독일 전역에서 정치 집회를 열고 직접 연설했다. 1931년 말에 나치당은 80만 명의 당원들을 확보했다. 히틀러의 나치 친위대원들은 1만5천 명이었고, 나치 돌격대원들은 22만5천 명에 달했다. 또 나치당은 43만1천 명의 독자를 보유한 36개의 독일 신문들을 장악했다. 본회퍼는 런던에서 열린 세계교회연맹 산하 청년위원회에 참석해 독일의 신학교수들 사이에 점증하는 국가주의 때문에 사역을 하기가 어렵다고 보고했다. 그러나 독일의 신학도들 가운데 본회퍼의 평화주의적 세계관을 공유하는 사람들이 거의 없었다. ▲1934년 파뇌회의에서 프랑스 출신의 평화주의자 장 라세르와 함께

십자가 아래 평화

> 그러므로 우리가 믿음으로 의롭다 하심을 받았으니 우리 주 예수 그리스도로 말미암아 하나님과 화평을 누리자. —롬 5:1

"우리 주 예수 그리스도로 말미암아 하나님과 화평을 누리자." 하나님의 인내가 최고조에 차오르기까지 하나님은 우리를 향해 수도 없이 외치셨고, 애타게 부르짖으며 임박한 심판을 경고하셨습니다. 마침내 하나님은 우리를 향해 매를 드셔야 했고, 그 매를 사정없이 내리쳤습니다. 그 매는 세상에서 유일하게 죄가 없는 분을 쳤습니다. 바로 하나님의 사랑하는 아들, 우리 주 예수 그리스도였습니다. 예수 그리스도는 우리를 위해 십자가에서 죽으셨고, 하나님의 진노를 받으셨습니다. 예수님이 하나님의 뜻과 의로우심에 죽기까지 복종하셨을 때에야 비로소 하나님의 진노가 풀렸습니다. 하나님께서 예수 그리스도를 통해 우리와 평화를 이루셨다는 사실은 얼마나 놀라운 비밀입니까!

"하나님과 화평을 누리자." 십자가 아래 평화가 있습니다. 여기 십자가 아래서 우리는 하나님의 뜻에 복종하며, 우리 자신의 뜻을 굴복시키게 됩니다. 여기 십자가 아래 하나님 안에서 누릴 수 있는 쉼과 고요함이 있고, 우리의 모든 죄를 용서받은 데서 오는 양심의 평화가 있습니다. 여기 십자가 아래 하나님과 평화를 누릴 수 있는 유일한 길이 있습니다. 그러므로 예수 그리스도의 십자가는 하나님의 영광이 도래하기를 바라며 즐거워하는 우리 교회의 기쁨과 소망에 대한 영원한 근거입니다. 여기 십자가 안에서 하나님의 의와 승리가 이 땅 위에 선포되기 시작했습니다. 언젠가 하나님이 십자가 안에서 온 세상에 그분의 모습을 나타내실 것입니다. 그리고 우리가 십자가에서 얻어 누리는 평화는 하나님나라에서 영원하고 영광스러운 평화로 이어지게 될 것입니다.

"다만 이뿐 아니라 우리가 환난 중에도 즐거워하나니"(롬 5:3). 우리가 정말 하나님과 평화를 누리고 있는지 아닌지는 닥쳐오는 환난에 대해 어떤 태도를 갖느냐로 판가름할 수 있습니다. 자신의 삶에 닥쳐오는 고난과 환난을 악한 것으로 생각하고 원수처럼 여기는 사람은, 아직 하나님과 평화를 누리지 못한 사람입니다. 그가 추구한 것은 오직 자기 영혼의 평화였던 것입니다. 그는 자신을 위해 십자가가 필요했을 뿐 진실로 십자가를 사랑한 것이 아닙니다. 자신의 삶에 일어나는 환난과 역경, 비방당하는 아픔, 자신의 권리를 빼앗기고 심지어 감옥에 갇히기까지 하는 고난을 미워하기만 하는 사람은, 그가 입으로는 아무리 십자가를 높인다 할지라도, 예수님의 십자가를 미워하는 사람이며 하나님과 평화를 이루지 못한 사람입니다. 예수 그리스도의 십자가를 사랑하는 사람, 십자가 안에서 하나님과의 평화를 찾은 사람은 자기 삶에 닥쳐오는 환난마저도 사랑하기 시작합니다.

1938년 3월 9일, 그로스 쉬뢴빗츠, DBW 15, pp. 470-473.

소망을 이루는 길

이는 환난은 인내를, 인내는 연단을, 연단은 소망을 이루는 줄 앎이로다
소망이 부끄럽게 하지 아니함은 우리에게 주신 성령으로 말미암아
하나님의 사랑이 우리 마음에 부은 바 됨이니. ─롬 5:3-5

하나님의 말씀은 우리가 환난을 어떤 눈으로 바라보아야 하는지, 어떻게 이해해야 하는지 가르쳐 줍니다. 우리 인생에 너무도 가혹하고 적대적으로 보이는 환난 속에는, 그리스도인이 발견할 수 있는 가장 귀한 보화가 가득 들어 있습니다. 환난은 땅속 깊이 들어갈수록 처음에는 청동 구리를, 그 후에는 은을, 맨 마지막에는 금을 발견하게 되는 광부의 갱도와도 같습니다. 환난은 처음에는 인내의 열매를, 그 후에는 연단의 열매를, 그 후에는 소망의 열매를 맺게 합니다. 그러므로 환난을 피해 가려는 사람은 하나님께서 자기 백성에게 주시는 가장 큰 선물을 내던져 버리는 것과 같습니다.

인내라는 말은 '짐을 벗어 던지지 않고 무거운 짐 밑에 머

물며 감당하고 견디어 내는 것'입니다. 그리스도께서 십자가를 지셨던 것처럼 참고 견디며, 바로 그 자리에서 그리스도를 발견해 내는 삶의 축복입니다. 하나님께서 무거운 짐을 지우실 때, 인내를 아는 자는 겸손히 머리를 숙이며 낮아지는 것이 자신에게 유익함을 믿고 참고 견디어 냅니다. 하나님의 평화는 인내하는 자에게 주어집니다.

그리스도인의 삶은 말에 있지 않고 연단에 있습니다. 이런 연단 없이는 아무도 그리스도인이라 할 수 없습니다. 여기서 연단이란 단순한 삶의 연단이 아니라 하나님 그분을 경험하는 것을 일컫습니다. 그것도 하나님께서 주시는 모든 종류의 연단을 가리키는 게 아니라 신앙을 지키며 하나님과의 평화를 지키는 연단, 즉 예수 그리스도의 십자가를 체험하는 것을 의미합니다. 하나님께서 이런 연단을 주실 때 각 개인이나 교회가 매 순간 하나님과의 평화를 구하며 울부짖을 수밖에 없는 수많은 시험과 불안, 두려움이 찾아옵니다. 그러나 이 고통의 순간에 우리는 날마다 더욱 하나님의 능력과 승리, 그리스도가 십자가에서 완성하신 평화를 경험하게 됩니다.

그러므로 연단은 소망을 이루게 합니다. 거센 파도를 하나하나 극복해 나가다 보면, 어느새 소망의 땅에 가까이 이르게 되듯이 주어진 시련을 하나씩 견디고 극복하는 것 자체가 이미 마지막 승리의 전주곡이기 때문입니다. 소망이 있는 곳에 패배란 있을 수 없습니다. 이것이 고난당하는 교회가 가진 비밀이며, 그리스도인의 삶에 나타나는 고난의 비밀입니다. '모든 소망이 사라졌다!'는 문패가 붙은 고난과 상실, 죽음의 문이 놀랍게도 우리를 하나님께로 인도하는 위대한 소망의 문이며, 존귀와 영광으로 인도하는 문이기 때문입니다.

이런 사람에게는 이제 "우리에게 주신 성령으로 말미암아 하나님의 사랑이 우리 마음에 부은 바 됨이니"라는 말씀이 그대로 적용됩니다. 그에게 이성으로는 이해할 수 없는 일이 일어납니다. 그는 세상의 재물이나 선물 때문이 아니라 하나님을 하나님 존재 자체로 사랑하기 시작합니다. 선물로 받은 평화 때문이 아니라 진실로 하나님 그분을 사랑하기 시작합니다. 예수 그리스도의 십자가 안에서 하나님의 사랑을 받은 사람은 예수 그리스도로 인해 하나님을 사랑하기 시작합니다. 성령으로 말미암아 하나님의 사랑이 그 마음에 부어진 사람에게는, 하나님의 사랑에 영원히 참예하는 것보다 더 사모하는 것이란 없습니다.

1938년 3월 9일, 그로스 쉬뢴빗츠, DBW 15, pp. 473-476.

사랑 안에 거하는 사람

> 하나님은 사랑이시라 사랑 안에 거하는 자는 하나님 안에
> 거하고 하나님도 그의 안에 거하시느니라. —요일 4:16

하나님의 사랑이 한 사람 위에 머문다는 말은, 그의 인생이 다른 사람들의 인생과 다르게 진행된다는 의미가 아닙니다. 하나님의 사랑이 함께한다는 것은, 이기적인 인생이 이제는 하나님을 위해 살게 되었다는 의미입니다. 우리가 흔히 오해하는데, 사랑은 인간의 운명이 아니라 운명의 주인입니다

  여기서 '사랑 안에 거한다'는 말은 하나님께서 그러셨듯 세상의 법을 깨뜨리는 것이 아니고 무엇이겠습니까? 사랑이 가는 길은 세상에서는 낯설고 이해할 수 없는 길을 가는 것이며, 온전히 자신에게 주어진 길을 간다는 의미가 아니겠습니까? 그 길이 지금 우리 눈에는 아주 놀랍고 기이하게 보일지라도 결코 잘못될 수 없는 유일한 길이 아니겠습니까? 그 길은

강도를 만나 생명이 경각에 달린 채 누워 있는 사람을 소경처럼 지나쳐 버리는 성직자의 길이 아닙니다. 그러므로 수천 번 중단되는 길이 아니라 눈을 크게 뜨고 고통당하는 이웃을 보며 주변 구석구석을 살피는 눈을 가진 사람의 길입니다. '사랑 안에 거한다'는 말은 '열린 눈을 가진다'는 의미이며, '소수만이 보는 것을 본다'는 의미입니다. 다시 말하면, 길을 가로막고 서서 도움을 구하며 내민 타인의 손을 보고, 자신이 가진 모든 것으로 돕고 섬기며 살아가는 것입니다. 그 일은 어디서든 행할 수 있습니다. 중요한 것은, 그곳이 어디든 하나님께서 원하시면 언제든 자기 일을 중단할 수 있어야 한다는 것입니다.

사랑 안에 거하는 것은 오직 자신이 모를 때에야 가능합니다. 눈이 스스로를 보지 못하듯 사랑은 자기 자신을 보지 못합니다. 어떤 사람이 자기 스스로 사랑 안에 거하고 있다고 말한다면, 그는 자기 자신을 보고 있으므로 결국 사랑 안에 거하고 있지 않다는 반증이 됩니다. 자신에 대해 눈먼 상태일 때에만 사랑 안에 거할 수 있고, 하나님의 보호 속에 사랑의 길을 갈 수 있습니다. 사랑 안에 거하는 사람은 모든 것을 참고, 모든 것을 믿으며, 모든 것을 바라며, 모든 것을 용서합니다. 진실로 최후의 순간까지 모든 것을 참고 믿으며 바라고 용서한다면 실망이나 의심, 포기란 있을 수 없습니다. 그러므로 사랑은 결코 끝나지 않으며 시간에서 영원으로 옮겨진다는 말은 진실입니다.

사랑 안에 거하는 사람은 세상에서 미리 정해 놓은 탁월한 자들의 길로 가지 않습니다. 자주 이해받지 못하며, 자주 어리석게 여겨지기도 하는, 자신에게 주어진 길을 갑니다. 그에게는 이기심이라 불리는 세상의 지혜가 없습니다. 그러나 이 어리석고 기이한 길에서, 열린 눈을 가진 그는 하나님의 영광이 빛나고 있음을 봅니다. 이 세상에서 오직 한 분만이 그 길을 온전히 가셨습니다. 그 길은 그분을 십자가로 인도했습니다. 그 길은 십자가를 통해 우리를 하나님 안에 있는 참된 생명으로 인도합니다.

1932년 5월 12일, 베를린, DBW 11, pp. 423-426.

본회퍼가 세운 고백교회는 독일 그리스도인 신앙운동과 히틀러의 정책들에 반대하는 목사들의 비공식 조직체였다. 1935년 12월에 통과된 마지막 비상 조치로 국가 교회의 승인을 받지 않은 사람들은 교회 사역에 종사하는 것이 금지되었다. 이것은 명백하게 고백교회를 겨냥한 것으로서, 고백교회의 신학교들을 불법으로 규정했다… 나치 정권과 고백교회 사이의 대립이 격화될수록 고백교회 내부의 압박도 커졌다. 그러나 교회는 예수 그리스도의 교회로 남아야 하며 히틀러와 나치의 거짓 가르침을 받아들여서는 안 된다는 디트리히의 신념은 결코 흔들리지 않았다. 그는 히틀러와 히틀러의 유대인 정책에 반대하는 발언을 계속했다. 그는 한 모임에서 이렇게 말했다. "어떤 미친 사람이 무고한 행인들에게 차를 몰고 돌진하는 것을 본다면, 그리스도인으로서 나는 그저 그 끔찍한 재앙을 지켜보다가 부상당한 사람들을 돌보고 죽은 사람들을 장사지내는 일만 할 수는 없습니다. 그 운전자의 손에서 억지로라도 운전대를 빼앗아야 할 것입니다." ▲ 1938년 그로스-슐론비츠에서 친구 에버하르트 베트게와 본회퍼

주간묵상

자유를 향한 도상의 정거장들 (1)

훈련

자유를 찾아 나서려거든
무엇보다도 먼저 감각과 영혼을 훈련하여
욕망과 몸의 지체들이
그대를 이리저리 끌고 다니지 못하게 하라

영과 육을 순결하게 하고
정해진 목표를 향해
온전히 그대 자신을 던져 순종하라

훈련을 통하지 않고는
그 누구도 자유의 비밀을 경험하지 못하리

1944년 7월, 친구 에버하르트 베트게에게 보낸 생일 축하 편지, *Widerstand und Ergebung*, p. 197.

은혜인가, 행복인가

나에게 이르시기를 내 은혜가 네게 족하도다 이는 내 능력이
약한 데서 온전하여짐이라 하신지라 그러므로 도리어 크게
기뻐함으로 나의 여러 약한 것들에 대하여 자랑하리니
이는 그리스도의 능력으로 내게 머물게 하려 함이라. —고후 12:9

바울은 심한 병을 앓고 있었는데, 아마도 간질병 환자였으리라 추측됩니다. 그 끔찍한 병은 반복해서 그를 덮쳤고 살면서 일할 힘과 용기를 송두리째 앗아 갔습니다. 이러한 고난 속에서 그는 세 번이나 하나님께 도움을 구했습니다. "제 몸에 드리운 이 가시를 제하여 주십시오." 그는 이렇게 기도했고, 하나님께서 기꺼이 그를 도우시리라 기대했습니다. 그러나 그의 기대는 빗나갔습니다.

오늘 말씀을 이해하기 위해 전혀 다른 질문을 한번 던져보겠습니다. "종교가 존재하는 목적은 무엇인가?" 도대체 종교는 왜 존재하고, 그 유익은 무엇입니까? 이 세상의 모든 종교에 이 질문을 던져 보면 돌아오는 대답은 오직 한 가지, '외적

으로나 내적으로 인간을 행복하게 하기 위해서'입니다. 행복과 종교는 금이 반짝이는 것처럼 서로에게 속해 있습니다. 사람을 행복하게 해주지 못하는 종교는 종교가 아닙니다. 달리 표현하자면, 종교는 인간에 의해 만들어졌고, 인간과의 연관성 속에서만 세상의 중심에 자리한다는 것입니다.

그런데 성경은 뭐라고 말합니까? 여기에서 성경은 유일한 사건, 유일한 표적인 '예수님의 십자가'를 가리키며, 그 의미에 대해 스스로 생각해 보게 합니다. 십자가에서 일어난 사건은 세상 어떤 사람도 들어보지 못한 일이었습니다. 하나님이 인간에 대한 사랑 때문에 죽으신 십자가에서 종교와 행복을 동일시하는 가치관은 순식간에 깨지고 말았습니다. 어쩌면 이 대목에서 '내면의 행복'을 말하려는 이가 있을지 모르겠습니다. 그러나 하나님의 보내심을 받은 예수님이 "나의 하나님, 나의 하나님 어찌하여 나를 버리셨나이까?"(막 15:34)라고 절규하며 죽으신 자리에서 그 말이 가당키나 할까요? 이 순간 종교와 행복의 연관성은 내적, 외적으로 산산조각 나고 맙니다.

그리고 이로써 하늘이 열립니다. 십자가 위로 전혀 새로운 것, 세상이 알 수 없고 이해할 수 없는 말씀이 나타납니다. 그것은 지상에서 새로 발생한 사건으로서가 아니라 새로운 하나님의 말씀으로서 은혜와 사랑입니다. 이 말씀은 메시아적인 세상 나라의 보좌에서 선포된 것이 아닙니다. 이 말씀은 경건하신 분이 하나님께 버림받는 고통을 호소하며 십자가에 달려 죽으신 범죄자들의 골고다 언덕에서 선포되었습니다. 이로써 기독교와 다른 모든 종교들과의 차이는 처음부터 명백해집니다. 기독교는 은혜를, 다른 종교들은 행복을 말합니다. 기독교는 십자가를, 다른 종교들은 왕관을 말합니다. 기독교는 하나님을, 다른 종교들은 인간을 말합니다.

"내 은혜가 네게 족하도다." 이것이 십자가의 말씀입니다. 행복을 쟁취하라고 말하는 것은 이방인의 설교입니다. 어느 쪽을 선택하겠습니까? 십자가 언덕을 빛으로 감싸고 있는 하나님의 은혜입니까? 다시 말해, 행복이나 즐거움을 채우는 삶을 포기할 뿐 아니라 당신의 십자가를 발견하게 될 하나님의 은혜입니까? 아니면 세상이 미화하는 내적, 외적인 행복입니까? 하나님의 종교입니까, 아니면 인간의 종교입니까? 모든 것을 단념해야 하는 곳에서 하나님을 발견하고, 진실로 하나님의 은혜로 충분하다는 사실을 볼 수 없는 곳에서 은혜를 본다는 것은 쉬운 일이 아닙니다.

1928년 9월 9일, 바르셀로나, DBW 10, pp. 505-511.

본회퍼는 1932년에 산상수훈에 관한 연구를 시작해 1935년과 1936년 사이에 완성했다. 이 책의 영문판 제목은 『제자도의 대가』다. 이 책은 그리스도인이 되는 것이 쉽다는 생각을 일소한다. "제자도는 고난당하신 그리스도에게 충성하는 것을 의미한다. 그러므로 그리스도인들이 고난당하도록 요청받는 것은 전혀 놀라운 일이 아니다." 본회퍼는 그리스도인들이 안이해졌고 하나님의 뜻에 순종하지 않은 채 하나님의 은혜를 받으려 한다고 주장했다. 하나님의 은혜, 즉 우리를 향한 하나님의 사랑은 값비싼 것이다. "그런 은혜는 따라오도록 우리에게 요청하기 때문에 값비싸지만, 그리스도의 뒤를 따르도록 요청하기에 은혜다. 또 그것은 우리에게 목숨을 요구하기 때문에 값비싸지만, 참된 생명을 주기에 은혜다."

▲ 1940년 성탄절 에타아라에서 조카들, 에버하르트 베트게와 함께 피아노를 연주하는 본회퍼

영화롭게 변화되신 예수님

그들 앞에서 변형되사 그 얼굴이 해같이 빛나며
옷이 빛과 같이 희어졌더라. —마 17:2

제자들이 예수님과 함께 고난과 굴욕, 수치와 경멸의 길로 가야 할 시간이 오기 전에, 예수님은 제자들을 불러 모으시고 자신이 하나님에게서 오신 영광의 주님임을 보여 주셨습니다. 제자들이 예수님과 함께 인간들의 죄, 악과 미움의 수렁으로 빠져 들어가야만 하는 시간이 오기 전에, 예수님은 그들을 높은 산으로 인도하셨습니다. 하나님의 도움이 거기서 오기 때문입니다(시 121:2). 예수님의 얼굴이 주먹질 당하고 침 뱉음을 받기 전, 주님의 옷이 찢기고 피로 물들기 전, 제자들은 반드시 하나님의 광채로 빛나는 예수님을 보아야 했습니다. 그분의 얼굴은 하나님의 얼굴처럼 밝게 빛났고, 그분이 입으신 옷은 환한 빛을 발했습니다(시 104:2).

겟세마네에서 예수님의 고난에 직면해야 할 제자들이 변화되신 하나님의 아들, 영원한 하나님을 목격할 수 있었던 것은 너무도 큰 은혜였습니다. 이를 통해 제자들은 부활에 대한 지식을 가지고 십자가의 길로 갈 수 있었습니다. 이와 마찬가지로 우리도 부활을 아는 지식을 가지고 십자가를 질 수 있어야 합니다.

변화되신 예수님 옆에는 모세와 엘리야가 서 있었습니다. 율법과 선지자의 대표가 예수님께 영광을 돌리며 예수님과 더불어 대화를 나누고 있었습니다. 누가복음을 보면 그들이 앞으로 일어날 일에 대해 이야기를 나누었음을 알 수 있습니다(눅 9:31). 그들은 분명 그리스도에 대한 증거가 진실로 참되다는 사실을 나누었을 것입니다. 그들은 십자가와 하나님의 비밀들에 대해 대화를 나눈 것입니다. 그들은 구약과 신약의 변화의 빛 속에서 서로 만나 대화를 나누었습니다. 이제는 약속이 성취되고, 모든 것이 완성되는 것입니다.

이 마지막을 보는 것이 제자들에게 허락되었습니다. 변화산의 광경을 보도록 허락하신 분은 바로 예수님입니다. 제자들은 이제 그 광경이 무엇을 뜻하는지 깨닫고 그것을 간직하고 싶어 합니다. 변화된 세계에 머물러 있고 싶은 것입니다. 사망의 세상인 현실로 다시 돌아가고 싶지 않은 것입니다. 눈에 보이는 예수님의 영광과 예수님의 권세, 약속이 이미 성취된 세상에 머물러 있고 싶은 것입니다. 눈으로 볼 수 있는 것을 원하며, 더는 믿음의 세계로 돌아가고 싶지 않은 것입니다.

우리도 예수님의 부활에 대해 들을 때면 제자들과 똑같이 반응합니다. 우리는 더 이상 믿음의 세계로 돌아가고 싶어 하지 않으며, 눈으로 볼 수 있는 부활의 주님, 영광스럽게 변화되신 예수님을 원합니다. 우리는 예수님의 권세와 영광을 눈으로 볼 수 있기를 원합니다. 더 이상 십자가로 돌아가고 싶어 하지 않으며, 눈으로 볼 수 없는 믿음의 세계로 돌아가고 싶어 하지 않습니다. 우리는 변화산에 초막을 짓고 그곳에 살고 싶어 합니다.

변화산에 머물고 싶은 제자들의 소원은 허락되지 않았습니다. 하나님의 임재를 뜻하는 빛나는 구름 속에서 하나님의 영광이 아주 가까이 다가오며 아버지의 음성이 들려온 것입니다. "이는 내 사랑하는 아들이니 너희는 그의 말을 들으라." 제자들은 예수님의 말씀을 듣고 그분의 말씀에 순종해야 했습니다. 그렇게 순종하라고 변화산의 영광을 보여 주신 것입니다. 우리가 주 예수님께 순종할 수 있도록 부활의 메시지를 주신 것입니다. 여기에 눈에 보이는 영광을 즐기는 삶이 자리할 곳은 없습니다. 여기에 영광에 머무는 삶이 자리할 곳은 없습니다. 영광스럽게 변화되신 예수님을 인식한 사람은 그분을 하나님으로 인식하게 됩니다. 그와 동시에 예수님을 십자가에 못박히신 분으로 알며, 그분의 말씀을 듣고 순종합니다.

마태복음 17:1-9 설교 초안, DBW 14, pp. 635-636.

부활과 고난의 길

제자들이 눈을 들고 보매 오직 예수 외에는
아무도 보이지 아니하더라. —마 17:8

제자들은 이곳(변화산)에서 일어난 일이 무엇을 뜻하는지 깨닫고 깜짝 놀랐습니다. 그들은 아직 세상에 있었습니다. 그들은 아직 그러한 영광을 감당할 수 없는 자들이었습니다. 그런데 감히 하나님의 영광을 범한 것입니다. 그때 예수님께서 다가와 그들을 어루만져 주셨습니다. 예수님은 그들의 주님이십니다. 예수님은 살아 계신 주님이십니다. 예수님은 그들을 버리지 않으십니다. 예수님은 그들을 다시 세상으로 인도하셨고, 이 세상은 예수님과 제자들이 여전히 살아가야 하는 장소였습니다.

그러므로 조금 전에 보았던 영광의 광경은 사라져야 하는 것입니다. "제자들이 눈을 들고 보매 오직 예수 외에는 아무도 보이지 아니하더라"(마 17:8). 예수님은 그들이 지금까지 알고 있던 인간 나사렛 예수였습니다. 방금 그들은 나사렛 예수님께 가도록 지시를 받은 것입니다. 그들은 예수님의 말씀을 듣고 순종하며 그분을 따르는 삶을 살아야 하는 것입니다. 그들은 부활의 주님을 알았지만, 그들이 보는 주님은 인간으로서 십자가를 향해 가는, 고난받는 분이었습니다. 그들은 고난의 종 예수님의 말씀을 듣고 믿으며 순종해야 하는 것입니다. 그들은 고난의 길로 다시 내던져졌습니다. 그러나 이제 그들은 고난의 길을 더 큰 확신 속에서 걸어갈 수 있게 되었습니다. 부활을 알기에 이제는 믿음으로 고난의 길을 걸어갈 수 있는 것입니다. 그러나 그들은 아직 부활하신 분의 세계가 아니라 십자가의 세계에 살고 있습니다. 이곳에서는 오직 말씀을 듣고 믿으며 순종하는 것이 중요합니다.

변화산에서 무슨 일이 일어났는지는 마지막 부활의 그날까지 비밀로 남아 있을 것입니다. 그러나 그 비밀은 예수님과 함께 겟세마네로 향해야 했고, 고난의 길로 가야 했던 제자들에게 위로가 되었습니다. 이제 그들은 부활하신 주님 안에서 십자가에 못 박히신 주님을 보고, 십자가에 못 박히신 주님 안에서 부활하신 주님을 인식하게 되었습니다. 변화산의 환상은 예수님이 골고다 언덕에서 수치를 당하는 모습을 바라볼

때에 잊혀지고 말았습니다. 믿음은 깨어지고 말았습니다. 그러나 부활의 날이 왔고, 그들에게는 다시 믿음이 선사되었습니다. 이제 그들은 부활하신 주님 안에서 십자가에 못 박히신 주님을 보게 된 것입니다. 이제 우리도 하나님 안에서 인간 예수님을 인식하고, 예수님의 말씀을 듣고 순종해야 합니다. 그리고 인간 예수님 안에서, 우리에게 그분의 영광을 보여 주고자 하시는 하나님의 아들을 인식해야 합니다.

마태복음 17:1-9 설교 초안, DBW 14, pp. 637-638.

여러 해 동안 본회퍼는 이런저런 방식으로 히틀러에게 저항했다. 그의 행동은 게슈타포의 감시망을 벗어나지 못했다. 1936년에 그는 가르치는 것이, 1940년에는 설교하는 것이, 1941년에는 출판하는 것이 금지되었다. 여행도 제한당하고 그가 가르치던 신학교도 폐쇄되었다. 하지만 그는 위험을 무릅쓰고 공개적으로 히틀러에게 맞서는 발언을 했고 불법 목사들을 양성했다. 또 여러 차례 계획된 히틀러 암살 시도를 자세히 알고 있었다. 그는 암살 공모자들을 지지했고 격려했다. 1942년 성탄절에 가족과 레지스탕스 동료에게 보낸 편지에서 그는 이렇게 말했다. "내일 심판의 날이 닥쳐올지 모릅니다. 그렇게 된다면 우리는 더 나은 미래를 위해 지금 하는 일을 즐거운 마음으로 중단할 것입니다. 하지만 그날이 오기 전에는 결코 중단할 수 없습니다… 우리는 목숨을 매우 소중히 여깁니다. 하지만 죽음이 우리를 겁먹게 할 수 있으리라고 생각지 않습니다."

▲ 1943년 3월 31일 디트리히 본회퍼가 체포되기 닷새 전, 아버지 칼 본회퍼의 75번째 생일을 맞아 사진을 찍은 가족들(사진 맨 왼쪽에 서 있는 사람이 디트리히)

자기를 버리신 예수님

이제 제자들에게 오사 이르시되 이제는 자고 쉬라
보라 때가 가까이 왔으니 인자가 죄인의 손에 팔리느니라. —마 26:45

예수님은 최후의 만찬을 나누기 전까지 한 가지 비밀을 제자들에게 감춰 두었습니다. 분명 예수님은 고난의 길에 대해 밝히 말씀하셨고, 인자가 죄인들의 손에 넘겨질 것이라는 사실을 세 번이나 분명하게 증거하셨습니다. 그러나 가장 깊은 비밀은 아직 밝히지 않으셨습니다. 거룩한 만찬을 나누는 마지막 시간이 되어서야 비로소 예수님은 인자가 '배신'을 통해 죄인의 손에 넘겨진다는 사실을 말씀하셨습니다. "너희 중의 한 사람이 나를 팔리라"(마 26:21).

원수들은 자기 힘만으로는 예수님을 어찌할 수 없었습니다. 예수님을 넘겨줄 친구가 필요했습니다. 그 친구는 예수님 가까이에 있으면서 예수님을 배반할 제자였습니다. 가장 소름끼치는 일은 외부가 아닌 내부에서 일어나는 법입니다. 골고다로 향하는 예수님의 길은 제자의 배신으로 시작되었습니다. 겟세마네 동산에서 몇몇 제자는 이해하기 어려울 정도로 깨어 있지 못하고 잠들었으며, 한 제자는 예수님을 배신했습니다. 마지막에는 모든 제자들이 예수님을 버리고 도망쳤습니다.

겟세마네의 밤은 이렇게 완성되었습니다. "보라, 때가 가까이 왔으니." 예수님께서 이미 예고하셨고, 제자들은 오래전부터 알고 있었으나 막상 그 일이 닥쳤을 때 놀라며 떨게 될 시간이 왔습니다. 그 시간은 이 세상 어떤 방법을 동원해도 더는 연기할 수 없는 시간이었습니다.

예수님은 '팔리운다'고 말씀하셨습니다. 세상이 그분에게 힘을 행사하는 게 아니라 예수님께서 자신에게 속한 권세에 친히 인도되고 넘겨지고 포기된 것입니다. 예수님을 보호하는 권세가 무방비 상태로 변했습니다. 예수님은 버림받았으며, 보호하던 친구들의 손은 힘없이 내려갔습니다. 이제 예수님은 죄인들의 손에 넘겨져 그들이 원하는 바를 마음대로 예수님께 행하게 되었습니다. 지금까지는 그들의 불경한 손이 예수님을 결코 어찌할 수 없었지만 이제는 그렇지 않습니다. 예수님을 조롱하고 침 뱉으며 때릴 수 있게 되었습니다. 우리는 더 이상 이 상황을 바꿀 수 없습니다. 이것이 바로 예수님이 넘기

우셨다는 말의 뜻입니다. 더 이상 예수님을 위해 할 수 있는 게 아무것도 없습니다. 예수님은 조롱하는 자들과 세상 권세에 넘겨졌습니다. 이 세상이 예수님께 횡포를 부려도 그분 편에는 아무도 없었습니다. 예수님은 자기 권세로 세상에 넘겨진 것입니다. 이것이 그분의 죽음입니다.

예수님은 당신 앞에 기다리고 있는 것이 무엇인지 분명하게 아셨습니다. 예수님은 확고부동한 신념으로 제자들에게 말씀하셨습니다. "일어나라, 함께 가자." 지금까지는 예수님을 위협하던 원수들이 그분의 위엄 앞에서 물러서야 했습니다. 그들 사이를 자유롭게 행보하는 예수님께 손을 댈 수 없었습니다. 그 당시에는 아직 그분의 때가 오지 않았기 때문입니다. 그러나 이제는 그때가 왔습니다. 이제 예수님은 자유로운 의지로 그분의 때를 마주하여 나아갑니다. 그리고 넘겨지는 그 시간이 왔음을 아주 분명히 하기 위해 의심의 여지가 전혀 남지 않도록 말씀하십니다. "보라, 나를 파는 자가 가까이 왔느니라."

1937년 3월 14일, 핑켄발데, DBW 14, pp. 973-979.

하나님과 세상의 화해

하나님이 세상을 이처럼 사랑하사 독생자를 주셨으니 이는 그를
믿는 자마다 멸망하지 않고 영생을 얻게 하려 하심이라. —요 3:16

예수 그리스도를 바라보는 자는 그분 안에서 세상과 하나님을 동시에 보게 됩니다. 이제 그는 하나님 없는 세상을 볼 수도 없고, 세상 없는 하나님을 볼 수도 없습니다.

에케 호모!(Ecce homo, 이 사람을 보라!) 예수님 안에서 세상과 하나님의 화해가 이루어졌습니다. 파괴를 통해서가 아니라 화해를 통해서 이 세상을 이긴 것입니다. 이상적인 이데올로기나 강령, 양심, 의무, 책임감, 미덕이 아니라 오직 하나님의 완전한 사랑만이 세상의 현실과 직면할 수 있고, 현실을 극복할 수 있습니다.

이 사랑은 일반적으로 생각하는 사랑의 관념이 아니라, 이 세상에 실제로 사셨던 예수 그리스도 안에서 완성된 하나님

의 사랑입니다. 세상을 향한 하나님의 사랑은 현실에서 벗어나 고상한 영혼의 세계로 도피하는 것이 아니라 현실을 꿋꿋이 감내하며 견디어 냅니다. 세상은 예수 그리스도의 육체에 온갖 울분을 다 쏟아부었지만, 고난받으신 주님은 세상의 모든 죄를 용서하십니다. 그리하여 화해가 이루어진 것입니다.

하나님으로서 인간이 되신 예수 그리스도께서 중보자의 형상으로 하나님과 세상 사이에 들어와 모든 역사의 중심이 되십니다. 예수 그리스도의 중보자 형상에서 하나님의 비밀이 계시되는 동시에 세상의 비밀이 드러납니다. 중보자를 통해 세상이 하나님과 화해하게 된 놀라운 사건 앞에 어떠한 악의 심연도 숨기울 수 없습니다. 그러나 하나님의 깊고 깊은 사랑이 죄악된 세상의 가장 어두운 곳까지 끌어안습니다.

온갖 의롭고 경건한 사상과는 반대로, 하나님은 세상에 대하여 스스로 죄 있다 선언하시고, 이로써 세상의 죄를 도말하신 것입니다. 하나님께서 스스로 낮아져 화해의 길을 여시고, 이로써 세상을 죄 없다고 하신 것입니다. 하나님께서 우리의 죄에 대해 책임을 지시고, 죄로 인해 우리가 받아야 할 징계와 고난을 대신 담당하신 것입니다. 하나님께서 불신앙과 불경건의 죄를 대신 담당하시고, 사랑이 미움을 대신하며, 거룩하신 분이 죄인의 자리에 서신 것입니다. 이제는 하나님께서 친히 짊어지지 않고 고난당하지 않았거나, 값을 치르지 않은 불신앙이나 미움, 죄는 더 이상 존재하지 않습니다. 이제 하나님과 화해하고 평화를 이루지 않은 세상이나 현실은 없습니다. 하나님은 사랑하는 아들 예수 그리스도 안에서 이 모든 일을 이루셨습니다.

에케 호모! 성육신하신 하나님, 세상을 향한 측량할 수 없는 그 사랑의 비밀을 보십시오! 하나님은 인간을 사랑하십니다. 하나님은 세상을 사랑하십니다. 이상적인 인간이 아니라 우리의 있는 모습 그대로를 사랑하십니다. 이상적인 세상이 아니라 문제투성이의 현실 세상 그대로를 이처럼 사랑하십니다.

Ethik, Dietrich Bonhoeffer, Kaiser Taschenbücher, 1998; DBW 6, pp. 69-71.

1943년 4월 5일 오후 4시 무렵, 두 사람이 본회퍼를 찾아왔다. 그들은 영장도 없이 그의 방을 수색했고 마침내 그에게 차에 타라고 명령했다. 본회퍼는 손에 성경을 들고 집에서 걸어나와 차에 올라탔다. 가족과 친구들은 그를 태운 게슈타포의 차가 테겔 형무소로 가는 것을 지켜보았다. 그 후 그들은 다시 그를 감옥 문 밖에서 보지 못했다. ▲ 1944년 테겔 형무소에서 세 명의 동료 수감자와 독일군 간수와 함께(오른쪽에서 두 번째가 본회퍼)

하나님의 숭고한 싸움

내가 받은 것을 먼저 너희에게 전하였노니 이는 성경대로
그리스도께서 우리 죄를 위하여 죽으시고. ─고전 15:3

부활은 무엇이며 우리에게 어떤 의미가 있습니까? 그 답을 얻기 위해서 결코 피해 갈 수 없는 것이 바로 2천 년 전 부활 사건입니다. 자연 법칙을 보면, 죽음 속에 이미 생명의 씨앗이 숨어 있다는 사실을 알 수 있습니다. 그러므로 사실상 죽음은 죽음이 아니라, 겉보기에는 뻣뻣하게 굳어 버린 듯한 육체에 생명의 씨앗이 발아하기 위해 준비하고 있는 생명의 한 과정일 뿐입니다. 생명과 빛은 반드시 승리하며, 죽음과 어두움은 생명과 빛이 그 모습을 드러내기 전 단계에 나타나는 하나의 현상일 뿐입니다. 이런 생각은 태초 이래로 온 인류의 공동 자산이 되어 왔으며, 현대화 된 오늘날의 부활 신앙에도 영향을 미치고 있습니다. 이로 인해 기독교가 부활에 관해 전하는 메

시지는 본질적으로 전혀 다르다는 사실을 간과하고 맙니다.

부활절은 어두움이란 아무것도 아니며 죽음 역시 생명의 한 과정일 뿐이므로 결국에는 빛이 승리할 수밖에 없다는 식의 빛과 어두움의 싸움에 관한 이야기가 아닙니다. 부활절은 겨울과 봄의 싸움이라든지 얼음과 태양의 싸움에 관한 이야기가 아닙니다. 부활절은 하나님의 숭고한 사랑에 대항해서 싸우는 죄인들, 더 나은 표현을 들자면 죄 가운데 있는 인류를 향한 하나님의 숭고한 사랑의 싸움입니다. 성 금요일, 그 싸움에서 하나님은 패자가 된 것처럼 보입니다. 그러나 하나님은 패자가 되심으로써, 아니 스스로 패자가 되는 길을 선택하심으로써 부활절에 승리하셨습니다.

성 금요일은 빛이 나타나면 그 모습을 감추어야만 하는 어두움이 아닙니다. 성 금요일은 생명의 싹을 품고, 그 싹을 틔우기까지 영양분을 공급하며 겨울잠을 자고 있는 상태가 아닙니다. 성 금요일은 인간의 몸을 입고 오신 하나님, 사람이 되신 사랑 자체이신 하나님이 스스로 하나님이 되고자 하는 인간에 의해 죽임을 당하신 날입니다. 하나님의 거룩하신 자,

즉 하나님 자신이 죽으신 날, 하나님이 실제로 죽으신 날입니다. 하나님은 우리 인간의 죄로 말미암아 스스로 죽음의 길을 택하셨습니다. 그 죽음은 생명의 씨앗을 품고 있지 않은 완

전한 죽음이었습니다. 그 죽음은 잠에 비유할 수 있는 죽음이 아니었습니다. 성 금요일은 봄이 오기 전에 거쳐야만 하는 전 단계로서의 겨울이 아닙니다. 그것은 말 그대로 종말이며, 죄 지은 인류의 종말, 인류에게 선고된 마지막 심판입니다.

이제 인류에게 남은 소망이 있다면, 하나님이 영원으로부터 인류 가운데 그분의 권능을 행하시는 길뿐입니다. 그러므로 부활은 이 세상 자연법칙에 속한 일이 아니라 하나님이 영원으로부터 역사하신 초월적인 사건입니다. 예수님을 죽음에서 살리심으로써 하나님은 자신의 거룩한 자를 인정하셨습니다. 부활절은 불멸하는 영혼에 대해서 말하는 것이 아니라 부활에 관해서, 즉 하나님이 인류를 공포와 두려움에 떨게 하는 육체와 영혼을 포함한 완전한 사망으로부터 권능의 역사로 다시 살리신 부활에 관해서 말하고 있습니다. 이것이 부활절 메시지입니다.

1928년 4월 8일 부활절, 바르셀로나, DBW 10, pp. 461-464.

본회퍼는 거의 2년간 테겔 형무소와 프린츠-알브레히트 거리에 있는 게슈타포의 심문 형무소에 갇혀 있었다. 1945년 2월 7일 그는 비밀리에 베를린 밖으로 이송되었다. 그의 가족은 일주일 뒤에 형무소에 면회를 가서야 그가 사라진 사실을 알았다. 마침내 히틀러가 죽고 전쟁이 끝났지만 사라진 사람들은 돌아오지 않았다. 도대체 그들에게 무슨 일이 일어난 걸까? 사람들은 본회퍼를 포함한 친구와 가족들의 행방을 찾아다녔다. 1945년 5월 31일, 영국에 살고 있던 그의 쌍둥이 누이 자비네는 그가 1945년 4월 9일 플로센뷔르크 강제수용소에서 나치에 의해 처형당한 사실을 처음으로 알았다. 그 소식은 플로센뷔르크를 탈출하여 이탈리아에 주둔한 미군의 보호를 받던 죄수들을 통해 영국에 전해졌다. ▲ **1937년에 세워진 플로센뷔르크 강제수용소**

주간묵상

자유를 향한 도상의 정거장들 (2)

행동

마음 내키는 대로 사는 것이 아니라
과감하게 의를 행하는 삶
가능한 모든 일에 휩쓸려 다니는 것이 아니라
진실을 용기 있게 붙드는 삶
생각 속에서 도피처를 삼는 것이 아니라
오직 행동하는 삶 속에 자유가 있다

불안하게 주저하는 자세를 버리고
오직 하나님의 계명과 신앙의 힘에 의지하라

그러면 자유가 그대 영혼을 환호하며 감싸 안으리

Widerstand und Ergebung, p. 197.

다시 사신 그리스도

그러나 이제 그리스도께서 죽은 자 가운데서 다시 살아나사
잠자는 자들의 첫 열매가 되셨도다. —고전 15:20

만약 인간 세상에서 하나님의 역사하심이 성 금요일에 막을 내렸다면 어떻게 되겠습니까? 그렇게 된다면 인간에게 남겨진 마지막 선고는 죄와 모반이며, 세상은 인간 속에 잠자고 있던 강포한 거인이 사슬에서 풀려나 날뛰며, 하늘을 무시하고 공격하는 무법천지로 황폐해질 것이 분명합니다. 결국 인간 세상은 무의미와 절망 상태에 빠지고 말 것입니다. 그렇다면 결국 예수 그리스도는 우리의 도덕적이고 종교적인 삶을 위해 수치를 당하신 것이 되며, 예수님이 유죄 선고를 받음과 동시에 우리의 문명 전체가 심판대에 세워지고 말 것입니다.

우리가 문명을 일구며 추구하는 궁극 목적은 인생의 참 의미를 찾고자 함이며, 말씀이 육신이 되신 로고스, 하나님을

향하고 있는 것이 아닙니까? 그런데 진리 자체가 존재하지 않으며, 하나님 대신 인간이 참과 거짓의 최종 척도가 된다면 진리를 추구한다는 것이 무슨 의미가 있겠습니까? 그것은 우리 문화에서 궁극적이며 의미 있는 것, 거룩한 것을 찾아가는 삶의 신경계를 잘라 버린 것이나 다를 바 없습니다. 결론적으로 하나님이 죽으신 것으로 끝이었다면 우리는 가장 불쌍한 사람들입니다.

그러나 기독교의 부활절 말씀은 무엇을 말합니까? 부활절 말씀의 의미는 하나님이 사망에 대해 사망을 선고하셨으며, 하나님은 살아 계시고, 그러므로 그리스도는 살아 계신다는 것입니다. 사망이 하나님의 크신 권능에 맞서 그리스도를 죽음에 가두어 둘 수 없었습니다. 하나님은 권능의 말씀으로 사망에 대해 이김을 선포하시고, 사망을 멸하셨으며, 예수 그리스도를 죽음에서 다시 살리셨습니다.

이제는 그리스도께서 살아 계십니다. 하나님께서 살아 계시며 하나님의 사랑이 살아 있으므로 그리스도께서 사시는 것입니다. 그것으로 충분합니다. '어떻게' 그런 일이 일어날 수 있는지 파고들며 고민할 수도 있습니다. 그러나 '이미 일어난 사실'에는 변함이 없습니다.

하나님이 살아 계신다면 그것은 끔찍한 십자가 사건에도

불구하고 하나님의 사랑이 영원히 살아 있다는 증거입니다. 하나님께서 우리 죄를 용서해 주셨기 때문에 우리는 더 이상 죄 속에 거하지 않습니다. 하나님께서 예수님의 죄 없음을 인정하셨고, 예수님은 우리의 죄를 용서해 주셨기 때문입니다. 예수님이 살아 계신다면 우리의 믿음은 새로운 의미를 갖게 됩니다. 그러면 우리는 이 세상에서 가장 축복받은 사람들이 됩니다. 죄 지은 인류를 하나님께서 살리시고, 우리의 모든 행동에 새로운 의미를 부여해 주는 것이 바로 부활절입니다. 하나님께 버림받은 상태가 아니라 하나님의 은혜와 신성으로 충만한 것이 부활절입니다. 인간이 하나님의 신성에 대항하여 거인 같은 힘으로 승리를 거둔 것이 아니라, 하나님께서 인류 위에 승리를 선포하시고, 죄와 죽음, 인간의 반역에 대해 강력한 승리를 거두신 것이 부활절입니다.

1928년 4월 8일, 부활절 바르셀로나, DBW 10, pp. 464-466.

1945년 7월 27일, 에버하르트와 본회퍼 가의 살아남은 가족들은 그날 오후에 런던에서 거행될 디트리히 본회퍼의 추도식을 BBC가 방송할 것이라는 소식을 전해 들었다. 그토록 재회를 고대하던 그의 소식을 처음으로 들은 순간이었다. 가족들은 본회퍼의 친구인 영국교회의 지도자 조지 벨 감독이 추도식에서 이렇게 말하는 것을 라디오를 통해 들었다. "본회퍼는 각기 다른 전통에 속한 고귀한 순교자 무리 가운데 한 사람입니다. 그는 신앙을 가진 영혼이 하나님의 이름으로 악의 공격에 저항한 것을 대표하며, 또한 인간 양심이 도덕적이며 정치적으로 불의와 잔인함에 맞선 것을 대표합니다. 그와 그의 동료들은 참으로 사도들과 선지자들의 터 위에 세워진 사람들입니다." ▲ 1944년 여름 테겔 형무소에서 찍은 본회퍼의 마지막 사진 가운데 하나

그리스도에 대한 하나님의 긍정

예수는 우리가 범죄한 것 때문에 내줌이 되고
또한 우리를 의롭다하시기 위하여 살아나셨느니라. —롬 4:25

예수 그리스도의 부활은 그리스도와 그분의 완전한 대속 사역에 대한 하나님의 긍정입니다. 십자가는 끝이었습니다. 그것은 하나님 아들의 죽음인 동시에 모든 육체에 대한 저주와 심판이었습니다. 그렇다고 십자가가 예수님에 대한 최종 선언이었다면, 이 세상은 여전히 사망과 멸망의 지배 아래 소망 없이 파멸의 길을 가고 있을 것입니다. 뿐만 아니라 세상이 하나님과의 전쟁에서 승리를 얻은 게 되었을 것입니다. 그러나 홀로 우리의 구원을 완성하신 하나님께서 그리스도를 사망에서 일으키셨습니다. 모든 것이 하나님에게서 났습니다(고후 5:18).

이것은 새로운 시작이었습니다. 이 기적은 정해진 자연법칙에 따라 겨울이 지나면 봄이 오는 것과는 비교할 수 없는 것이었습니다. 이 기적은 위로부터 이루어졌으며, 하나님의 자유와 권능으로 사망을 완전히 박살내 버렸습니다. "성경은 사망이 삼키운 바 되었다고 선포했다"(루터). 이렇게 함으로써 하나님은 예수 그리스도를 인정하셨습니다. 그리하여 사도는 '부활은 하나님의 아들을 낳은 날'이라고 말할 수 있었습니다(행 13:33). 아들은 자신의 신적인 영원한 영광을 다시 회복했고, 아버지는 아들을 다시 얻으셨습니다. 이렇게 하여 예수님은 태초부터 계신 분으로, 하나님의 아들로, 그리스도로 확증되고 영화롭게 되셨습니다.

부활로 인해 그리스도께서 전 인류를 대신하여 행하신 완전한 속죄를 하나님이 인정하고 받아들이셨다는 사실이 증명되었습니다. 예수님은 십자가에서 절망의 절규를 토하시며 영혼을 하나님의 손에 의탁하셨습니다(막 15:34). 하나님께서 기뻐하시는 뜻대로 예수님의 삶과 사역을 이루실 것을 믿고 온전히 맡기셨습니다. 그리스도의 부활로 인해 하나님께서 아들과 그의 사역에 대해 긍정하신 것을 우리는 확증할 수 있습니다. 그리하여 우리는 부활하신 주님을 하나님의 아들이며 우리의 주님이요 구원자라 부르는 것입니다.

예수 그리스도의 부활은 우리를 향한 하나님의 긍정입니다. 그리스도께서 우리의 죄를 위하여 죽으셨고, 우리를 의롭게 하기 위하여 다시 살아나셨습니다. 그리스도의 죽음은 우리와 우리의 죄에 대한 하나님의 사형 선고였습니다. 그리스도께서 사망에 머물러 계셨다면, 사형 선고는 우리에게 여전히 유효할 것입니다. 우리가 여전히 죄 가운데 있을 것이라는 말씀입니다(고전 15:17). 그러나 그리스도께서 사망을 이기고 다시 살아나셨으므로, 우리에게 임한 사망 선고는 무효화되었고, 우리는 그리스도와 함께 다시 살아났습니다. 예수 그리스도께서 인간의 몸을 입고 성육신하심으로, 그분에게 일어난 일들이 우리에게도 동일하게 적용되어 그리스도의 사망과 부활에 참예하게 된 것입니다. 예수님께서 우리를 영접하셨기 때문입니다. 이 진리는 경험으로 아는 것이 아니라 하나님의 말씀을 믿을 때 인정되는 하나님의 선고입니다.

사순절에 대한 고찰: 부활, DBW 16, pp. 471-472.

피조물에 대한 하나님의 긍정

우리가 흙에 속한 자의 형상을 입은 것같이
또한 하늘에 속한 이의 형상을 입으리라. ―고전 15:49

예수 그리스도의 부활은 모든 피조물에 대한 하나님의 긍정입니다. 여기서 일어난 일은 파괴가 아니라 육체의 새 창조입니다. 예수님은 육신의 몸을 입고 무덤에서 나오셨고, 무덤은 빈 무덤이 되었습니다. 죽어서 썩게 될 몸이 죽지 않고 썩지 않는 변화된 몸으로 존재하는 것이 어떻게 가능한지, 어떤 상상을 해야 하는지 우리에게는 많은 부분이 감추어져 있습니다.

부활하신 예수님을 만난 제자들의 다양한 기록은, 부활하신 주님의 새 몸이 우리가 상상할 수 있는 범위를 초월한다는 사실을 분명하게 보여 줄 뿐입니다. 무덤이 비어 있었기 때문에, 우리는 부활하신 주님의 몸이 이전과 똑같은 몸이라는 사실을 알 수 있습니다. 그러나 무덤이 비어 있었기 때문에, 예수님의 몸이 새로운 몸이라는 사실도 이해할 수 있습니다. 하나님은 첫 창조를 심판하시고, 첫 창조와 동일하게 새 창조를 이루신 것입니다. 그리스도의 이상이 계속 살아남은 것이 아니라 그리스도께서 육신의 몸을 입고 다시 살아나신 것입니다. 이것은 옛 피조물 한가운데서 선포되는 새 피조물에 대한 하나님의 긍정입니다. 부활 사건에서 우리는 하나님이 이 땅을 버리신 것이 아니라 다시 되찾으셨음을 알 수 있습니다. 하나님은 이 땅에 새로운 미래, 새로운 약속을 주셨습니다. 하나님이 창조하신 땅에 하나님의 아들이 사셨고, 그분의 십자가가 세워졌습니다. 하나님이 창조하신 땅에서 부활하신 예수님이 제자들에게 나타나셨고, 마지막 날 그리스도께서 이 땅으로 다시 오실 것입니다. 그러므로 누구든지 그리스도의 부활을 믿는 자는 더는 세상에서 도망치는 은둔자가 될 수 없습니다. 또한 그는 이 세상의 즐거움에만 푹 파묻혀 살아갈 수도 없습니다. 왜냐하면 그는 옛 창조의 한복판에 이루어진 하나님의 놀라운 새 창조를 알기 때문입니다.

예수 그리스도의 부활은 믿음을 요구합니다. 예수님의 부활 사건을 경험하고 목격한 사람들의 증거가 아주 상이함에도 불구하고, 그 모든 증거의 공통점은 부활하신 예수님이 세상 모든 사람들에게 자신을 나타내신 것이 아니라 제자들에게 나타내 보이셨다는 것입니다(행 10:40 이하). 예수님은 부활의 기적을 세상이 객관적으로 인정할 수 있도록 공정한 절차를 밟아 온 세상에 드러내지 않으셨고, 그러한 방법을 통해 세상이 그분의 부활을 인정할 수밖에 없도록 만들지 않으셨습니다. 예수님은 믿음을 원하시고, 또 믿음으로 전파되길 원하십니다. 믿음으로 전파되어 또 다른 사람들이 믿음에 이르기를 원하십니다. 세상은 표적을 보면서도 기적을 믿지 않습니다. 그러나 오직 기적을 믿을 때에만, 표적은 거룩한 신의 표적이 되며 믿음을 세워 줍니다. 오직 그리스도에 대한 증거를 믿음으로 받아들일 때, 부활의 확신이 주어지는 것입니다.

예수 그리스도께서 아직 세상에 나타나지 않으시는 것은 그분의 은혜입니다. 예수 그리스도께서 다시 오시는 날은 세상의 마지막이며, 불신앙을 심판하는 날이기 때문입니다. 예수님은 은밀한 영광 속에서 그분의 교회와 함께하시며, 모든 사람들에게 나타나실 최후 심판의 날이 오기까지 말씀을 통해 온 세상에 증거되기를 원하십니다.

사순절에 대한 고찰: 부활, DBW 16, pp. 472-474.

나의 주, 나의 하나님

도마에게 이르시되 네 손가락을 이리 내밀어 내 손을 보고
네 손을 내밀어 내 옆구리에 넣어 보라
그리하여 믿음 없는 자가 되지 말고 믿는 자가 되라. —요 20:27

아무리 영광스러운 기적의 복음이 있을지라도, 나 자신이 그것을 경험하지도 삶에 직접 적용하지도 못한다면 무슨 소용이 있겠습니까? 사망은 현실입니다. 그러나 막연한 소원은 사람들에게 막연한 믿음을 갖게 합니다. 의심은 모든 시대에 이렇게 말해 왔고, 예수님의 제자 도마도 그렇게 생각했습니다. 성경에 기록된 몇 안 되는 도마에 관한 기록을 근거로, 우리는 그가 희생과 죽음을 각오한 제자임을 알 수 있습니다(요 11:16).

또한 도마는 자신이 가진 의문을 예수님께 숨김 없이 제시했고, 분명한 답을 얻고자 했습니다(요 14:5). 그는 예수님이 죽으신 이후 다른 제자들을 떠나 있었고, 부활의 날에도 그들과

함께 있지 않았습니다. 그는 제자들의 병적인 광신에 휩쓸리고 싶지 않았습니다. 다른 제자들이 주님의 부활 소식을 전해 주었을 때, 그는 "나는 내 눈으로 보고 내 손으로 그분을 만져 보기 전에는 믿지 않겠다"고 일언지하에 부인했습니다. 믿음을 스스로 발견하거나 아니면 아예 믿음을 갖지 않겠다고 하는 도마는 제자로서 좋은 자질을 갖추고 있음에 틀림없습니다. 그러나 믿음을 찾아가는 그의 방식이 옳다고 할 수는 없습니다. 그는 예수님의 부활을 믿는 것을 주저하기는 했으나, 다음 주일 저녁에 제자들과 함께 있었습니다. 이 점은 상당히 중요한데, 여기서 그의 찾는 자세와 의심이 진지함을 볼 수 있기 때문입니다. 그렇지만 부활하신 주님께서 의심하고 있는 한 사람을 찾아오셔서, 의심을 극복하고 부활 신앙을 갖도록 도우신 것은 주님의 주권적인 은혜입니다.

예수님은 또다시 제자들이 문을 굳게 닫아 놓은 곳으로 들어오셨습니다. 그러니 예수님이 함께하신다는 놀라운 사실은 의심의 여지가 없었습니다. 예수님은 모든 제자들에게 평강을 전하셨지만, 이번에는 그 누구보다도 도마의 불안한 마음에 평강이 임하기를 원하셨을 것입니다. 예수님은 의심하고 있는 제자 한 사람을 위해 다시 찾아오신 것입니다. 예수님은 지금까지 일어난 모든 일을 다 알고 계시며, 도마의 마음속 깊은 곳까지 속속들이 꿰뚫어 보고 계셨습니다. 이것은 도마에게 하신 첫마디에 잘 나타나 있습니다. 예수님은 의심하는 제자 도마의 소원을 아시고, 당신의 몸을 만져 보라고 하십니다. 그것은 마리아에게는 허락되지 않은 일이었습니다(요 20:17). 우리가 예수님께 받기를 원하는 것과 예수님께서 우리에게 주시기를 원하는 것에는 차이가 있습니다. 마리아는 예수님의 몸을 만지지 못했습니다. 하지만 도마는 듣고 보고 만지도록 허락받았습니다. 주님이 의심하는 제자를 위해 자신을 한없이 낮추시고 당신을 시험하도록 허락하신 것입니다. "믿음 없는 자가 되지 말고 믿는 자가 되라!" 예수님을 그토록 가까이에서 대면하고 있으면서도 여전히 믿음의 결단을 내리지 못하는 제자를 얻고자 안타까운 마음으로 권유하시는 것입니다. 아직 결단을 내리지 못하고 있는 제자에게 회심의 자유를 주시며 믿음으로 초청하고 계시는 것입니다.

도마가 정말 손을 뻗어 예수님을 만져 보았는지에 대해서는 아무 언급이 없습니다. 그것은 중요하지 않습니다. 중요한 것은 도마의 마음속에 부활 신앙이 생겨났다는 것입니다. "나의 주님이시요 나의 하나님이시니이다"(요 20:28). 이것이 부활에 대한 온전한 신앙고백입니다. 이런 고백을 드린 자는 의심하는 제자 도마가 처음이었습니다. 의심은 완전히 극복되었습니다. 그러나 예수님은 의심하거나 보고 만지는 것을 축복되다고 하지 않으시고, 오직 믿음을 축복되다고 대답하셨습니다. 믿음은 보는 것을 근거로 확신하는 것이 아니라 오직 하나님의 말씀을 기초로 믿는 것입니다.

설교 준비를 위한 말씀 묵상, 요한복음 20:19-31, DBW 15, pp. 557-559.

원문 출처

Ethik, Dietrich Bonhoeffer, Kaiser Taschenbücher, 1998; DBW 6.

Widerstand und Ergebung, Dietrich Bonhoeffer, Kaiser Taschenbücher, 1997.

Dietrich Bonhoeffer Werke 10. *Barcelona, Berlin, Amerika 1928-1931*. Hrsg. von Reinhart Staats und Hans Christoph von Hase in Zusammenarbeit mit Holger Roggelin und Matthias Wünsche. 1991. 『바르셀로나, 베를린, 아메리카(1928-1931)』

Dietrich Bonhoeffer Werke 11. *Ökumene, Universität, Pfarramt 1931-1932*. Hrsg. von Eberhard Amelung und Christoph Strohm. 1994. 『교회연합, 대학, 목사직(1931-1932)』

Dietrich Bonhoeffer Werke 12. *Berlin 1932-1933*. Hrsg. von Carsten Nicolaisen, Ernst-Albert Scharffenorth, 2001. 『베를린(1932-1933)』

Dietrich Bonhoeffer Werke 13. *London 1933-1935*. Hrsg. von Hans Goedeking, Martin Heimbucher und Hans-Walter Schleicher, 1994. 『런던(1933-1935)』

Dietrich Bonhoeffer Werke 14, *Illegale Theologenausbildung: Finkenwalde 1935-1937*. Hrsg. von Otto Dudzus, Jürgen Henkys, 1996. 『불법 신학교: 핑켄발데(1935-1937)』

Dietrich Bonhoeffer Werke 15, *Illegale Theologenausbildung: Sammelvikariate 1937-1940*. Hrsg. von Dirk Schulz, 1998. 『불법 신학교: 부목사직(1937-1940)』

Dietrich Bonhoeffer Werke 16, *Konspiration und Haft 1940-1945*. Hrsg. von Jörgen Johannes Glenthöy, Ulrich Kabitz, Wolf Krötke, 1996. 『공모와 구속(1940-1945)』

엮은이: 정현숙

경북대학교에서 독어독문학을 전공했으며 현재 독일에서 거주 중이다. 청소년들에게 좋은 책을 소개하고 싶다는 소망으로 번역을 시작했다. 번역서로는 그리스도인의 삶을 동화로 재현한 『왕의 마음』(국제제자훈련원), 디트리히 본회퍼의 '행동하는 신앙 시리즈' 『이 땅에서 그리스도인으로 설 수 있을까?』, 『타인을 위한 그리스도인으로 살 수 있을까?』, 『교회가 세상에 소망을 말할 수 있을까?』(좋은씨앗), 디트리히 본회퍼와 약혼녀 마리아 폰 베데마이어가 주고받은 편지 모음집 『옥중연서』(복있는사람) 등이 있다. 이메일 giljohanna@yahoo.de

디트리히 본회퍼 40일 묵상

초판 1쇄 2016년 2월 1일
초판 6쇄 2024년 11월 11일

지은이 디트리히 본회퍼
엮은이 정현숙
옮긴이 정현숙
펴낸이 신은철
펴낸곳 도서출판 좋은씨앗
1999.12.21 등록 / 제4-385호
주소 서울시 서초구 바우뫼로 156(MJ빌딩), 402호
전화 02)2057-3041 팩스 02)2057-3042

e-mail : good-seed21@daum.net
www.facebook/goodseedbook

ISBN 978-89-5874-254-8 03230